PROCÈS-VERBAL

DES SÉANCES

DE

L'ASSEMBLÉE GÉNÉRALE

DES TROIS PROVINCES

DE LA

GÉNÉRALITÉ DE TOURS,

Tenue à Tours, par Ordre du Roi, le 12 Novembre 1787.

A TOURS,

De l'Imprimerie d'AUGUSTE VAUQUER, Imprimeur du Roi,
& de l'Affemblée Générale.

M. DCC. LXXXVII.

PROCÈS-VERBAL

DES SÉANCES

D E l'Affemblée Générale des trois Provinces de la Généralité de Tours, tenue à Tours, le douze Novembre mil fept cent quatre-vingt-fept.

PREMIÈRE SÉANCE.

L'AN mil fept cent quatre-vingt-fept, le lundi, douze Novembre, onze heures du matin, en la Salle Synodale du Palais Archiépifcopal de Tours, indiquée par l'Affemblée préliminaire des trois Provinces de la Généralité de Tours, pour la Séance d'Ouverture de l'Affemblée complete, fe font trouvés Monfeigneur l'Archevêque de Tours, Préfident, & MM. les Députés, nommés précédemment par le Roi, & élus par l'Affemblée, dans fes Séances préliminaires, auxquels fe font joints les nouveaux

A

Membres nommés dans les Affemblées des trois Provinces, pour remplir les Places qui font devenues vacantes dans ladite Affemblée Générale, depuis fa première feffion. En conféquence la préfente Affemblée Générale complete s'eft trouvée compofée de

M.ᵍʳ L'ARCHEVÊQUE DE TOURS, PRÉSIDENT.

Dans l'Ordre du

CLERGÉ,

M.ᵍʳ L'ÉVÊQUE DU MANS.

M. L'ABBÉ DES FONTAINES, *Abbé de la Pelice, dans le Maine.*

M. L'ABBÉ DE LA MYRE-MORY, *Abbé de Preuilly, Prieur d'Ouazé, en Anjou.*

M. L'ABBÉ D'ADVISARD, *Chanoine & Chantre en Dignité de l'Église de Tours, & Vicaire général du Diocèfe.*

M. L'ABBÉ DE VILLENEUVE, *Doyen du Chapitre d'Angers, & Vicaire général du Diocèfe.*

M. L'ABBÉ DE BOISDEFFRE, *Chanoine de l'Église du Mans, & Vicaire général du Diocèfe.*

M. L'ABBÉ DU FREMENTEL, *Chanoine & Prevôt d'Anjou en l'Église de Saint - Martin de Tours, Vicaire général & Official du Diocèfe.*

M. L'ABBÉ DE BARAUDIN, *Doyen du Chapitre de Loches, & Vicaire général du Diocèfe de Tours.*

M. DU CASTEL, *Curé de Marolles, Doyen du Sonnois, dans le Maine.*

M. MARTINET, *Chanoine-Régulier, Prieur-Curé de Daon, en Anjou.*

DOM MASSEY, *Prieur-Claustral de l'Abbaye de Saint-Florent de Saumur.*

∞

Dans l'Ordre de la

N O B L E S S E,

M. LE MARQUIS DE VERNEÜIL, *Seigneur en Touraine.*

M. LE MARQUIS DE ROCHECOT, *Seigneur en Touraine.*

M. LE VICOMTE DE MAILLÉ, *Seigneur dans le Maine.*

M. PASQUIER, *Baron de Coulans, Conseiller de Grand'Chambre, Seigneur dans le Maine.*

M. LE MARQUIS DE MONTÉCLER, *Seigneur dans le Maine.*

M. LE COMTE DE WALSH-SERRANT, *Seigneur en Anjou.*

M. LE MARQUIS DE CLERMONT GALLERANDE, *Seigneur en Anjou.*

M. LE COMTE D'AUTICHAMP, *Seigneur en Anjou.*

M. LE MARQUIS DE LUZIGNEM, *Seigneur en Touraine.*

M. LE BARON DE MENOU, *Seigneur en Touraine.*

M. LE VIDAME DE VASSÉ, *Seigneur dans le Maine.*

M. DE GOISLARD, *Comte de Monsabert, Conseiller au Parlement, Seigneur en Anjou.*

∞

Propriétaires des Villes & Paroisses Repréſentans le

T I E R S - É T A T.

M. PRUDHOMME DE LA BOUSSINIERE , *Propriétaire dans le Maine.*

M. BARBET , *Doyen des Avocats , & Lieutenant de Maire à Tours.*

M. JAMIN DE LA MOINERIE, *ancien Maire du Château-du-Loir , Propriétaire dans le Maine.*

M. PELTEREAU , *Ancien Contrôleur des Guerres , Propriétaire en Touraine.*

M. CUREAU , *Écuyer, Lieutenant de Maire du Mans , & Propriétaire dans le Maine.*

M. BLOUIN , *Écuyer, Conſeiller en la Chambre des Comptes de Bretagne , Propriétaire en Anjou.*

M. LASNIER DE LA TOUR , *Maire de Baugé , Propriétaire en Anjou.*

M. LE BRETON DE NUEIL , *Écuyer, Propriétaire en Touraine.*

M. DELAUNEY DE FRENEY , *Écuyer , Négociant à Laval , Propriétaire dans le Maine. (Abſent.)*

M. PAULMIER , *Lieutenant de l'Élection d'Angers , Propriétaire en Anjou.*

M. CHESNEAU DES PORTES , *Conſeiller au Préſidial du Mans , Propriétaire dans le Maine.*

M. CAILLEAU , *Aſſeſſeur de ville à Saumur , Propriétaire en Anjou.*

M. DE LA TREMBLAIS, *Propriétaire en Touraine.*

M. POUGET, *Juge Consul, Officier Municipal & Négociant à Tours.*

M. GAULTIER, *Avocat du Roi au Présidial de Tours, Propriétaire en Touraine.*

M. BOULLAY DU MARTRAY, *Écuyer, ancien Maire d'Angers, Propriétaire en Anjou. (Absent.)*

M. BARILLER DE PALLÉE, *Lieutenant des Eaux & Forêts à Baugé, Propriétaire en Anjou.*

M. DESMÉ, *Écuyer, Lieutenant général de Police à Saumur, Propriétaire en Anjou.*

M. ENJUBAULT DE LA ROCHE, *Juge ordinaire du Comté-Pairie de Laval, Propriétaire dans le Maine.*

M. MONDIERE, *Propriétaire dans le Maine.*

M. BELIN DE BERU, *Écuyer, Procureur du Roi au Présidial & Hôtel-de-Ville du Mans.*

M. CHESNON DE BAIGNEUX, *Lieutenant Criminel à Chinon, Propriétaire en Touraine.*

M. DAVY DES PILTIÈRES, *Avocat du Roi au Présidial de la Fleche, Propriétaire en Anjou.*

M. DE LA HAYE DE VAULX, *Propriétaire en Touraine. (Absent.)*

P R O C U R E U R S - S Y N D I C S.

M. LE COMTE DE LA BÉRAUDIERE, *Seigneur en Anjou.*

M. DE LA GRANDIERE, *Écuyer, Conseiller au Présidial, & Maire de Tours.*

Meſſieurs ont pris ſéance , ſavoir , Mgr. l'Archevêque, Préſident , dans un fauteuil , élevé d'un dégré.

MM. du Clergé, à ſa droite , ſuivant l'ordre des Séances accoutumé entre eux.

MM. de la Nobleſſe , à ſa gauche , ſuivant leur âge.

MM. les Répréſentans des Villes & Paroiſſes , à la ſuite du Clergé & de la Nobleſſe , auſſi ſuivant leur âge ; leur rang ne pouvant être établi d'après les contributions des Paroiſſes , qui ne ſont pas ſuffiſamment connues.

M. le Préſident a donné lecture de la lettre du Roi , portant convocation de l'Aſſemblée à ce jour , dont la teneur ſuit :

Monſ. l'Archevêque de Tours , mon intention étant que l'Aſſemblée Générale de la Généralité de Tours , ſe tienne à Tours le douze Novembre prochain , je vous fais cette Lettre , pour vous dire que vous vous rendiez ledit jour , douze Novembre prochain , en ladite Ville de Tours , à l'effet de préſider ladite Aſſemblée , & que vous avertiſſiez de ma part tous & chacun des Membres , qui doivent aſſiſter à ladite Aſſemblée , de s'y trouver ledit jour. Sur ce je prie Dieu qu'il vous ait , Monſ. l'Archevêque de Tours , en ſa ſainte garde. Ecrit à Verſailles , le onze Octobre , mil ſept cent quatre-vingt-ſept. Signé LOUIS. Et plus bas , LE BARON DE BRETEUIL. Au dos eſt écrit : A Monſ. l'Archevêque de Tours , Préſident de l'Aſſemblée Générale , à Tours.

Mgr. l'Archevêque a enſuite propoſé de députer M. le Vicomte de Maillé , & M. Belin de Beru , vers M. le Commiſſaire

faire du Roi , pour le prévenir de la réunion de l'Affemblée ;
& le prier d'affifter à la Meffe folemnelle du Saint - Efprit.
MM. les Députés ci-deffus nommés fe font tranfportés chez
M. le Commiffaire du Roi , & de retour ont annoncé fon
arrivée.

MM. les Procureurs-Syndics font allés le recevoir au bas de
l'efcalier , & au haut dudit efcalier , fe font trouvés M. l' Abbé
des Fontaines , M. le Marquis de Verneuil , M. Barbet & M.
Blouin , lefquels , réunis à MM. les Procureurs-Syndics , ont introduit M. le Commiffaire du Roi dans la Salle des Séances ;
l'Affemblée s'eft levée à fon entrée ; il a été conduit à un fauteuil , élevé d'un dégré , placé au milieu de l'Affemblée , en avant
du Bureau de MM. les Procureurs-Syndics , & en face du fauteuil
de M. le Préfident de l'Affemblée , également élevé d'un dégré.

M. le Commiffaire du Roi , & MM. fe font affis & couverts.
M. le Commiffaire du Roi a expofé à l'Affemblée les motifs
de fa convocation , & a dit que Sa Majefté , fatisfaite de
fon zèle & de fon activité , avoit defiré perfectionner l'ouvrage de fon établiffement par de nouveaux témoignages de
confiance , & qu'il lui feroit part inceffamment des inftructions qu'il avoit reçues à cet effet.

M. le Préfident a répondu que l'Affemblée fe félicitoit de
trouver dans M. le Commiffaire du Roi un Adminiftrateur
citoyen empreffé de concourir à l'heureufe révolution , que veut
opérer dans fon Royaume un Monarque bienfaifant. Après
avoir rappellé tous les grands événemens qui ont fignalé le
règne de Sa Majefté , comme un préfage affuré du fuccès de
fes vues paternelles , il a expofé les reffources que la France
peut trouver dans le cœur de fon Roi , dans la fageffe de

B

fes Miniftres ; & dans le concours des Affemblées Provinciales ; il a affuré M. le Commiffaire du Roi que l'Affemblée s'efforceroit de réalifer les efpérances des peuples.

M. le Commiffaire du Roi eft forti , & a été reconduit avec
le cérémonial obfervé à fon arrivée.

M. l'Archevêque a dit qu'il fe flattoit qu'aux relations publiques qu'alloient établir entre les Membres de l'Affemblée
le fervice du Prince & le bonheur des peuples , il s'en join-
droit d'eftime , de confiance & de fraternité : Il a fait voir
combien ces fentimens étoient conformes à la nature d'une Affemblée , qui devoit fe regarder comme une même famille
réunie fous les aufpices & par les ordres d'un Pere commun ,
& a expofé tous les heureux effets , que la Généralité pouvoit
fe promettre de cet efprit de concorde , d'impartialité & de
juftice , qui continueroient de diriger toutes les opérations.

MM. les Procureurs-Syndics ont fait un rapport hiftorique
fur l'origine & la nature des différentes impofitions , & les variations qu'elles ont éprouvées fous les différens regnes. Ces développemens les ont conduits à rendre hommage aux fentimens
paternels de Sa Majefté pour fes fujets , qu'elle a manifeftés , en
leur accordant le bienfait des Adminiftrations Provinciales. Ils
ont terminé leur rapport , par le tableau des biens que doivent
produire en général ces établiffemens falutaires , & de ceux
qui doivent réfulter en particulier dans cette Généralité , de
la réunion des trois Provinces.

M. le Préfident a donné lecture d'une lettre qui lui a
été écrite , au nom du Roi , par M. le Baron de Breteuil , Mi-

niftre d'Etat, en réponfe aux témoignages de refpect, de foumiffion & de reconnoiffance, que l'Affemblée avoit adreffés à Sa Majefté, lors des Séances préliminaires ; il a également donné lecture des réponfes de Mgr. l'Archevêque de Touloufe, principal Miniftre, & de M, de Villedeuil, alors Contrôleur Général, à qui l'Affemblée avoit écrit, dans le courant du mois d'Août dernier ; il a été arrêté que ces lettres feroient dépofées dans les archives.

M. l'Archevêque a dit que M. Boullay du Martray, M. de la Haye de Vaulx & M. Delauney de Freney, Membres de l'Affemblée, lui avoient écrit, pour lui témoigner leurs regrets, de ce que l'état de leur fanté ne leur permettoit pas de s'y rendre.

L'Affemblée a arrêté qu'il feroit célébré, demain, dans l'Eglife Métropolitaine, une Meffe folemnelle du Saint-Efprit ; & fur la propofition qui en a été faite par Mgr. l'Evêque du Mans, Mgr. l'Archevêque a été prié d'officier à cette Cérémonie.

MM. les Procureurs-Syndics ont été chargés de demander l'agrément de MM. du Chapitre de l'Eglife Métropolitaine.

Le Sr. Abbé Larouffe a continué provifoirement de faire les fonctions de Secrétaire de l'Affemblée, jufqu'à ce qu'il ait été procédé à la nomination d'un Greffier.

Mgr. l'Archevêque a indiqué la prochaine Séance à demain treize, dix heures du matin ; & il a été convenu qu'on fe réuniroit dans cette même Salle, à caufe de la proximité de l'Eglife Métropolitaine.

Fᴀɪᴛ & arrêté lefdits jour & an.

Signé ,

† FRANÇOIS , *Archevêque de Tours , Préſident.*

Lᴀʀᴏᴜssᴇ , *Secrétaire.*

I I.

LE treize Novembre , mil ſept cent quatre-vingt-ſept , dix heures du matin , l'Aſſemblée réunie , lecture a été faite du Procès-verbal de la Séance d'hier.

L'Aſſemblée , précédée de la Maréchauſſée , un détachement de la Milice bourgeoiſe bordant la haye , s'eſt rendue à l'Egliſe Métropolitaine. Six Commiſſaires du Chapitre l'ont reçue à la porte principale , & l'ont conduite dans le Sanctuaire , où elle s'eſt placée ſur des fauteuils du côté de l'Evangile.

M. le Commiſſaire du Roi s'eſt placé ſur un prie-Dieu , qui lui avoit été préparé, du côté de Mgr. l'Archevêque , officiant.

Après la Meſſe , l'Aſſemblée s'eſt rendue dans la nef , où placée ſur des fauteuils , en face de la Chaire , elle a entendu un Diſcours analogue à la circonſtance , prononcé par M. l'Abbé de Bouvens , Chanoine & Archidiacre de l'Egliſe de Tours , & Membre de l'Aſſemblée Provinciale de Touraine ; M. le Commiſſaire du Roi a entendu ce Diſcours dans un fauteuil d'honneur.

L'Aſſemblée a été reconduite , juſqu'à la porte de l'Égliſe , par les ſix Commiſſaires du Chapitre , & s'eſt rendue , dans

le même ordre, au lieu de fa Séance, où elle a fait fes remercîments à M. l'Archevêque.

M. le Commiffaire du Roi eft arrivé, & a été reçu avec
les honneurs accoutumés ; il a annoncé à l'Affemblée que
l'intention du Roi étoit qu'elle fût chargée, pour l'année prochaine, de l'affiette & répartition des Impôts, ainfi que de
l'adminiftration des chemins & travaux publics ; qu'indépendamment des inftructions qu'il avoit reçues à cet égard pour
l'Affemblée, & qu'il lui apportoit, il avoit ordre de lui remettre une copie du brevet général de l'année 1788, & tous
les renfeignemens relatifs aux nouvelles fonctions qui lui étoient
confiées ; qu'en conféquence, il s'emprefferoit de fournir à
l'Affemblée ceux que la Commiffion Intermédiaire ne fe feroit
pas encore procurés dans les Bureaux de l'Intendance.

M. le Commiffaire du Roi a ajouté que Sa Majefté s'étoit
réfervée de faire fucceffivement les changemens que lui infpireroit fa fageffe, au Réglement du 18 Juillet dernier, pour la
formation de ladite Affemblée Générale, & des trois Affemblées Provinciales de la Généralité, ainfi qu'à celui du 12
Août dernier, relatif aux fonctions de ces Affemblées, & à leurs
rapports avec le Commiffaire départi : qu'elle avoit jugé indifpenfable de manifefter, dès-à-préfent, fes intentions, fur quelques-uns des articles de ces Réglemens qui lui avoient paru
exiger des développemens & quelques interprétations, & que
cet objet faifoit également partie des inftructions qu'il avoit
reçues. Il a remis en même-tems à l'Affemblée une copie, cer-
tifiée de lui, defdites inftructions, avec un duplicata du Réglement du 12 Août dernier, & un extrait des Réglemens faits
pour l'Affemblée Provinciale du Berry, auxquels fe rapportent

quelques-unes des interprétations données par Sa Majesté ; il a terminé son discours , en assurant l'Assemblée de sa disposition à seconder & à faciliter ses travaux.

M. le Président a remercié M. le Commissaire du Roi , & lui a dit que l'Assemblée alloit s'occuper , avec zele & célérité , des objets que Sa Majesté vouloit bien lui confier.

M. le Commissaire du Roi est sorti , & a été reconduit avec les honneurs accoutumés.

Il a été arrêté que MM. les Procureurs - Syndics seront chargés , pendant le cours des Séances de l'Assemblée , des instructions & duplicata remis par M. le Commissaire du Roi , pour servir de base aux délibérations , & qu'après la clôture , le dépôt en sera fait aux archives.

M. l'Abbé de la Myre-Mory , M. le Marquis de Luzignem , M. Cureau , M. Cailleau , ont été nommés, pour aller remercier MM. du Chapitre de l'Eglise Métropolitaine. M. le Marquis de Luzignem , M. Cureau ont été chargés de voir M. l'Abbé de Bouvens , pour lui témoigner la satisfaction de l'Assemblée , & lui demander son Discours , qui sera déposé aux archives.

L'Assemblée a pris lecture des instructions laissées par M. le Commissaire du Roi.

Mgr. l'Evêque du Mans , M. le Comte de Serrant , M. Jamin de la Moinerie & M. Blouin ont été nommés pour aller saluer M. le Commissaire du Roi de la part de l'Assemblée.

La Séance a été indiquée pour demain quatorze , neuf heures & demie du matin , en la Salle de l'Hôtel-de-Ville.

FAIT & arrêté lesdits jour & an.

Signé ,

† FRANÇOIS , *Archevêque de Tours , Préfident ,*

LAROUSSE , *Secrétaire.*

I I I.

LE quatorze Novembre , mil fept cent quatre-vingt-fept , neuf heures & demie du matin , l'Affemblée réunie en la Salle de l'Hôtel-de-Ville adoptée pour être à l'avenir le lieu de fes Séances , lecture a été faite du Procès-verbal de celle d'hier.

Il a été formé , fur la propofition de M. le Préfident , quatre Bureaux , compofés des perfonnes fuivantes;

S A V O I R;

B U R E A U *de l'Impôt.*

M. L'ABBÉ D'ADVISARD.

M. L'ABBÉ DE BOISDEFFRE.

DOM MASSEY.

M. LE MARQUIS DE MONTÉCLER.

M. LE COMTE D'AUTICHAMP.

M. LE BARON DE MENOU.

M. Paulmier.

M. Cailleau.

M. Chesnon de Baignéux.

M. Enjubault de la Roche.

M. Gaultier.

M. Belin de Beru.

BUREAU des Fonds, Comptabilité & Réglemens.

Mgr. l'Évêque du Mans.

M. l'Abbé du Frementel.

M. Martinet.

M. Pasquier.

M. le Comte de Serrant.

M. le Marquis de Luzignem.

M. de la Boussiniere.

M. de la Tour.

M. Jamin de la Moinerie.

M. Blouin.

M. le Breton de Nueil.

M. de la Haye de Vaulx.

BUREAU des Chemins, & Travaux publics.

M. l'Abbé des Fontaines.

M l'Abbé de la Myre-Mory.

M.

M. LE MARQUIS DE VERNEUIL.

M. LE MARQUIS DE ROCHECOT.

M. LE MARQUIS DE CLERMONT GALLERANDE.

M. LE VIDAME DE VASSÉ.

M. CUREAU.

M. CHESNEAU.

M. PELTEREAU.

M. DESMÉ.

M. BARILLER DE PALLÉE.

M. GAULTIER.

BUREAU de l'Agriculture , du Commerce & du

Bien Public.

M. L'ABBÉ DE VILLENEUVE.

M. L'ABBÉ DE BARAUDIN.

M. DU CASTEL.

M. LE VICOMTE DE MAILLÉ.

M. LE COMTE DE MONTSABERT.

M. BARBET.

M. MONDIERE.

M. DELAUNEY DE FRESNEY.

M. BOULAY DU MARTRAY.

M. POUGET.

M. DE LA TREMBLAIS.

M. DAVY DES PILTIÈRES.

C

M. le Marquis de Clermont Gallerande , & M. Belin de Beru ont été nommés Commiſſaires , pour la viſite du Greffe & des Archives.

M. l'Abbé des Fontaines , M. le Vidame de Vaſſé , M. Gaultier , M. Deſmé , ont été chargés de veiller à la rédaction du Procès-verbal.

M. le Marquis de Luzignem & M. Cureau, qui avoient été chargés de voir M. l'Abbé de Bouvens, ont dit qu'il les avoit priés de témoigner ſa reconnoiſſance à l'Aſſemblée , & qu'il lui remettroit ſon Diſcours , ainſi qu'elle le deſiroit.

Mgr. l'Evêque du Mans, M. le Comte de Serrant , M. Jamin de la Moinerie & M. Blouin ont dit qu'ils avoient rempli le vœu de l'Aſſemblée , auprès de M. le Commiſſaire du Roi , & qu'il y avoit paru très-ſenſible.

MM. les Députés de l'Egliſe de Tours ſe ſont fait annoncer. M. l'Abbé de la Myre-Mory, M. le Vicomte de Maillé , M. Peltereau, M. le Breton de Nueil ſont allés les recevoir à la porte de la ſalle d'Aſſemblée , & ont introduit la Députation , compoſée de M. l'Abbé de Braſſac , Chanoine-Tréſorier, & de MM. Roger , Gervaiſe , Barbet , de la Grandiere , & Dupré , Chanoines. L'Aſſemblée s'eſt levée ; MM. les Députés ſe ſont placés en face de Mgr. l'Archevêque , Préſident ; ils ſe ſont aſſis, ainſi que l'Aſſemblée , & les portes ſont reſtées ouvertes. M. l'Abbé de Braſſac , portant la parole , a rendu hommage au nom de l'Egliſe de Tours , aux vues ſages & bienfaiſantes manifeſtées par Sa Majeſté dans ce nouvel établiſſement , en

témoignant combien fon Corps partageoit la jcie & la reconnoiffance publique.

M. l'Archevêque a répondu que les fentimens , que MM.
de l'Eglife de Tours venoient de témoigner à l'Affemblée,
étoient une fuite de l'intérêt que ce Corps avoit toujours pris
à la chofe publique, & que l'Affemblée étoit flattée d'en recevoir l'expreffion, par l'organe d'un de fes Membres les plus dif-
tingués. MM. les Députés de l'Eglife de Tours ont été reconduits par les mêmes Commiffaires , jufqu'à la porte de la feconde falle.

L'Affemblée a délibéré fur l'objet des frais journaliers qu'exige
la tenue de fes Séances; MM. les Procureurs-Syndics ont été
autorifés à y pourvoir.

Le Corps Municipal s'eft fait annoncer; il a été reçu de la
même maniere que MM. les Députés de l'Eglife de Tours.

M. de la Grandiere, Maire, a dit que le Corps Municipal
s'empreffoit d'apporter à l'Affemblée le tribut légitime de fon
refpeét, & le témoignage authentique de la confiance des
peuples, dans ceux que la Généralité regardoit comme les peres
refpeétés & chéris d'une feule famille ; il a ajouté que la
miffion, dont il étoit chargé, étoit d'autant plus flatteufe pour
lui, qu'il fe trouvoit particuliérement honoré , d'être affocié aux
travaux importants de l'Affemblée.

M. le Préfident a répondu que la Ville de Tours avoit
des droits à l'intérêt de l'Affemblée, à qui elle donnoit des
Membres utiles; qu'il fe félicitoit de voir concourir à fes opé-

rations, fon Chef, dont les lumieres & les talents avoient déjà été reconnus dans l'Affemblée des Notables du Royaume.

MM. du Corps de Ville ont été reconduits de la même maniere que MM. les Députés de l'Eglife de Tours.

Le Procès-verbal des Séances de l'Affemblée Générale préliminaire, ayant été foumis à la revifion de cette Affemblée complete, il a été queftion de délibérer fur les honoraires fixés provifoirement, pour MM. de la Commiffion Intermédiaire, MM. les Procureurs-Syndics, & le Secrétaire-Greffier. Quelqu'un de MM. ayant propofé de prendre cette délibération au fcrutin, il a été arrêté qu'elle concernoit les affaires, & que par conféquent elle fe prendroit à voix haute.

MM. les Députés du Chapitre de Saint-Martin fe font fait annoncer ; ils ont été reçus de la maniere, ci-deffus énoncée. La Députation étoit compofée de M. l'Abbé Gafnier, Chanoine & Granger en dignité, de MM. Serée, Delavau, Favier, Bizot, & Moulin, Chanoines.

M. l'Abbé Gafnier, portant la parole, a dit : que fa Compagnie voyoit, dans cette nouvelle forme d'Adminiftration, compofée des perfonnes de tous les ordres, fi dignes de la confiance publique, une nouvelle preuve de l'amour du Roi pour fes fujets, & qu'elle fe faifoit un devoir de venir offrir publiquement cet hommage à l'Affemblée.

Mgr. l'Archevêque a répondu que l'Affemblée étoit très-fenfible à l'hommage du Chapitre ; qu'elle regarderoit toujours, àvec intérêt, ce qui pourroit contribuer à la profpérité de cette Compagnie.

MM. les Députés du Chapitre de Saint-Martin ont été reconduits, de la même maniere que ceux de l'Eglife de Tours.

L'Affemblée a repris la délibération, relative aux honoraires de MM. de la Commiffion Intermédiaire, de MM. les Procureurs-Syndics, & du Secrétaire-Greffier. MM. de la Commiffion Intermédiaire & MM. les Procureurs-Syndics fe font retirés, à l'exception de M. le Marquis de Rochecot & de M. Belin de Beru, qui avoient précédemment prié l'Affemblée d'agréer leur démiffion des places qu'ils occupoient dans ladite Commiffion.

L'Affemblée a confirmé ce qui avoit été propofé, dans fes Séances préliminaires, à l'égard des honoraires de MM. de la Commiffion Intermédiaire, & a définitivement arrêté de propofer à fa Majefté de régler ceux de MM. les Procureurs-Syndics à 4000 livres chacun.

L'Affemblée a pris en confidération les appointemens accordés précédemment pour le Secrétaire-Greffier, & les a réduits, auffi fous le bon plaifir du Roi, à 1500 liv., à laquelle fomme il a été ajouté celle de 600 liv. pour un Commis, que le Greffier fera tenu de faire agréer par l'Affemblée, ou par fa Commiffion Intermédiaire, non compris les frais de Bureau, dont il donnera l'état, tous les mois, à MM. les Procureurs-Syndics.

M. l'Abbé des Fontaines a fait lecture & rapport d'une lettre de M. le Marquis de Juigné, Préfident de l'Affemblée Provinciale du Maine, & des obfervations faites par ladite Affemblée fur les Réglemens des 18 Juillet & 12 Août derniers; le tout a été renvoyé au Bureau des Réglemens.

MM. les Procureurs-Syndics ont préfenté deux paquets à eux adreffés ; M. l'Archevêque en a fait l'ouverture ; ils contenoient trois expéditions du Procès-verbal de l'Affemblée Provinciale complete de Touraine , & autant de copies des tableaux des impofitions & diftricts, arrêtés dans cette Affemblée.

M. le Préfident s'eft chargé de faire parvenir au Confeil & à M, le Commiffaire du Roi, les deux Expéditions qui leur font deftinées , & la troifieme eft reftée aux Archives.

M. le Préfident a indiqué la prochaine Séance , à demain quinze , dix heures du matin,

FAIT & arrêté lefdits jour & an.

Signé ,

† FRANÇOIS , *Archevêque de Tours , Préfident.*

LAROUSSE , *Secrétaire,*

I V.

LE quinze Novembre , mil fept cent quatre-vingt-fept , dix heures du matin , l'Affemblée réunie, il a été fait lecture du Procès-verbal de la Séance d'hier,

M. l'Abbé de la Myre-Mory , M. le Marquis de Luzignem , M. Cureau & M. Cailleau ont été chargés de remercier , au nom de l'Affemblée , MM. de l'Eglife de Tours, MM. du Chapitre de Saint-Martin & MM. de l'Hôtel-de-Ville.

Mgr. le Préfident a mis en délibération la propofition d'abonnement, contenue dans les Inſtruĉtions de M. le Commiſſaire du Roi.

L'Aſſemblée , convaincue de la néceſſité d'un examen approfondi , dans une affaire de cette importance , l'a renvoyée au Bureau de l'Impôt, qui en fera ſon rapport ; & , ſur la propoſition de ce Bureau, elle l'a autoriſé à inviter à ce travail ceux de MM. , qui ont lu des Mémoires ſur cet objet.

L'Aſſemblée , s'étant occupée de la manière de prendre les voix dans les Délibérations, il a été arrêté que , dans les affaires courantes & dans les queſtions ſuſceptibles d'être réduites à des termes ſimples , on s'en tiendroit à la forme uſitée , de tout tems, dans les Adminiſtrations , comme plus expéditive , & ne préſentant dans ces cas aucun inconvénient ; mais que dans des affaires importantes, & dans des queſtions compliquées , en général lorſqu'un ſeul Membre de l'Aſſemblée jugeroit à propos de le réquérir , on adopteroit la forme ſuivie dans les Tribunaux , & indiquée dans le Mémoire qui ſera dépoſé aux Archives.

Mgr. l'Archevêque a indiqué la Séance, à demain ſeize , dix heures du matin.

Fait & arrêté leſdits jour & an.

Signé ,

† FRANÇOIS , *Archevêque de Tours* , *Préſident.*

Larousse , *Secrétaire.*

V.

LE feize Novembre, mil fept cent quatre-vingt-fept, dix heures du matin, l'Affemblée réunie, il a été fait lecture du Procès - verbal de la Séance d'hier.

Mgr. l'Archevêque a prié, de la part de l'Affemblée, M. le Comte d'Autichamp & M. Enjubault de la Roche, de s'informer de la fanté de M. le Marquis de Montécler, abfent, pour caufe d'indifpofition.

M. l'Abbé de la Myre-Mory, M. le Marquis de Luzignem, M. Cureau & M. Cailleau ont rendu compte des différentes miffions dont ils avoient été chargés, dans la Séance d'hier, & dans celle du treize, auprès de MM. de l'Eglife Métropolitaine, du Chapitre de Saint-Martin & du Corps Municipal.

Il a été procédé, par la voie du fcrutin, à la nomination d'un Greffier ; & Me. Moriffon, Avocat au Parlement, a été nommé, à la pluralité des fuffrages.

On a continué la lecture & revifion du Procès-verbal de Séances de l'Affemblée Préliminaire ; il a été approuvé, dans tout fon contenu, fauf les changemens faits dans la Séance d'hier, & fous la réferve des repréfentations faites ou à faire par différens Corps Eccléfiaftiques, à l'égard de ce qui eft porté aux pages 18 & 26 du Procès-verbal, relativement aux élections de quelques-uns de leurs Membres.

M. le Préfident a obfervé à ce fujet qu'il avoit écrit dans le tems aux Miniftres, pour demander au Roi d'approuver

ver ces élections ; que Sa Majefté ne s'étoit point expliquée particuliérement fur cet objet, mais qu'elle avoit donné une approbation générale à toutes les délibérations confignées dans le Procès-verbal.

M. l'Abbé de Boifdeffre, au nom de la Commiffion Intermédiaire, a fait un rapport contenant un relevé général de l'Impôt des trois Provinces ; l'Affemblée lui en a fait des remercîmens, & le Bureau de l'Impôt a été chargé de prendre ce rapport en communication, pour en rendre compte à l'Affemblée.

MM. les Procureurs-Syndics ont fait deux rapports, l'un concernant les Grandes Routes & les Atteliers de Charité, & l'autre, les Manufactures & le Commerce.

L'Affemblée les a remerciés, & a renvoyé ces deux rapports au Bureau chargé de ces objets.

M. le Préfident a indiqué la prochaine Séance, à demain, dix-fept, cinq heures & demie du foir, pour laiffer à MM. des différens Bureaux le tems de vaquer aux opérations, dont ils font chargés.

FAIT & arrêté lefdits jour & an.

Signé,

† FRANÇOIS, *Archevéque de Tours, Préfident.*

LAROUSSE, *Secrétaire.*

V I.

LE dix-fept Novembre, mil fept cent quatre - vingt - fept, cinq heures & demie du foir, l'Affemblée réunie, il a été fait lecture du Procès-verbal de la Séance d'hier.

D

M.ᵉ Moriſſon, nommé Greffier, a été préſenté par Mgr. l'Archevêque, & eſt entré en exercice, après avoir promis de remplir fidélement les fonctions qui lui ſont confiées, & de ſe conformer aux Réglemens.

Rapport du Bureau des Impoſitions.

MM. du Bureau des Impoſitions ont fait leur rapport, relativement à l'abonnement des Vingtièmes, propoſé dans les Inſtructions, notifiées par M. le Commiſſaire du Roi ; MM. les Procureurs-Syndics ont fait verbalement leurs obſervations ſur ce rapport.

„ L'Aſſemblée, pénétrée du reſpect le plus profond & de l'attachement le plus inviolable pour l'auguſte Monarque auquel elle doit ſon exiſtence, animée du zèle le plus pur pour tout ce qui peut intéreſſer le bien de ſon ſervice, & celui des Provinces dont l'adminiſtration lui eſt confiée, délibérant ſur le vœu qui lui a été manifeſté, de la part du Roi, par M. le Commiſſaire chargé de ſes ordres, pour un abonnement général des Vingtièmes des trois Provinces :

„ Après avoir conſidéré les intentions bienfaiſantes de Sa Majeſté, pour le ſoulagement de ſes peuples, obſerve ;

„ Qu'à peine conſtituée, elle n'a pas même encore la connoiſſance exacte des Impôts de tous genres, perçus dans la Généralité, & ſous le poids deſquels les peuples ſont accablés :

„ Que les productions, la richeſſe, le commerce & les reſſources des trois Provinces ne lui ſont pas ſuffiſamment connues :

„ Que les Aſſemblées Provinciales ont été principalement établies, pour chercher les moyens de ſoulager les peuples, en faiſant verſer dans le Tréſor royal, d'une manière plus directe & moins diſpendieuſe, les mêmes ſommes qui y rentrent aujourd'hui :

»Que les Domaines de la Couronne, ceux des Princes appana-
giftes & du Clergé, dont les Vingtièmes doivent être perçus, en déduction de ceux des autres contribuables, ne lui font pas connus :

» Que les biens eccléfiaftiques, n'étant pas également répartis
dans la Généralité, il feroit impoffible, pour le moment, d'établir
une jufte balance, parce que l'une ou l'autre des trois Provinces feroit plus ou moins favorifée, par la déduction des
Vingtièmes fupportés par le Clergé :

» Qu'en fuppofant même une exactitude rigoureufe dans le calcul préfenté par les Inftructions de Sa Majefté, qui portent la
contribution du Clergé à une fomme de 810,000 liv., l'accroiffement des Vingtièmes à payer par les autres contribuables
s'éleveroit à environ 826,000 liv., un tiers par conféquent
n fus de la quotité actuelle :

» Que l'abonnement qui, confidéré en lui-même, eft une
preuve éclatante de l'amour paternel de notre augufte Monarque pour fes fujets, deviendroit onéreux & nuifible par
l'extenfion de l'Impôt :

» Que l'alternative de l'acceptation de l'abonnement, ou d'une
nouvelle vérification, peut allarmer les peuples :

» Que les habitans des trois Provinces ont jufqu'à préfent regardé l'établiffement des Affemblées Provinciales comme une
faveur infigne de Sa Majefté :

» Qu'en voyant une partie de leurs concitoyens appellés au
partage de l'Adminiftration, ils efpéroient voir renaître l'aifance & la profpérité :

„Que les peuples, trompés dans leurs espérances, ne verroient plus dans leurs nouveaux Administrateurs, que les extenseurs, & non les justes répartiteurs de l'Impôt :

„Que les intentions de Sa Majesté, notifiées par M. le Commissaire du Roi, sont au contraire de poser les bases d'un abonnement, de manière que les contribuables eux-mêmes ne puissent les désavouer :

„Que les Administrateurs, en perdant la confiance de leurs Provinces respectives, ne pourroient plus opérer le bien du service du Roi :

„Qu'à l'exception de quelques privileges locaux, la Généralité ne jouit d'aucunes franchises :

„Que les trois Provinces, dont elle est formée, supportent tous les impôts établis, & celui de la grande Gabelle, dans toute sa rigueur :

„Que par leur situation limitrophe avec un pays où le sel est libre, les Provinces de cette Généralité éprouvent tous les maux qu'entraîne la contrebande :

„Que cet Impôt seul met une différence extrême entre sa contribution & celle de plusieurs Provinces du Royaume :

„Qu'à l'exception des environs des Villes & bords des Rivières, le sol est peu fertile, & plusieurs cantons de la Généralité sont couverts de sable, landes & bruyères :

„Que pendant les années dernières une extrême sécheresse a désolé les campagnes, & fait périr les bestiaux :

„Que les pluies continuelles de celle-ci ont privé le Cultivateur d'une partie de fa récolte, & n'ont pas permis d'enfemencer les terres :

„ Que le Commerce languit par la difette des matières premières, & par le défaut de débouchés :

„ Que la population diminue fenfiblement dans la Généralité, tandis qu'elle augmente dans d'autres Provinces du Royaume :

„ Que cet état de dépériffement eft le réfultat de la furcharge des Impofitions :

» Que l'Affemblée, fe renfermant dans les bornes de fes fonctions, d'après l'Edit même de fa création, n'a de pouvoir que pour s'occuper des moyens de répartir plus également les Impôts, fuivant leur quotité générale actuelle. „

D'après toutes ces confidérations, l'Affemblée a unanimement arrêté qu'elle ne pouvoit accepter l'abonnement extenfif des Vingtièmes, propofé dans les Inftructions notifiées par M. le Commiffaire du Roi, & a arrêté en outre que Sa Majefté fera très-humblement fuppliée de permettre que les différentes Provinces s'occupent uniquement de répartir, en ce moment, avec plus d'égalité entre les contribuables, la portion que chaque Province de la Généralité a payée jufqu'à préfent pour les deux Vingtièmes.

La juftice & la bienfaifance, qui rendent fi cher à tous les François le Monarque qui les gouverne, affurent à l'Affemblée le fuccès de fes foumifes & refpectueufes repréfentations : Elle ofe efpérer que Sa Majefté voudra bien mettre le comble à fes bontés, en abonnant chacune des trois Provinces en particulier, à la quotité des Impofitions des deux Vingtièmes,

telle qu'elle a été perçue jufqu'à préfent ; & fera Mgr. l'Archevêque , Préfident , prié de vouloir bien mettre fous les yeux
des Miniftres du Roi , toute l'importance des difficultés que
l'Affemblée ne s'eft permis que d'indiquer , dans fa préfente délibération , afin d'obtenir du meilleur & du plus jufte des Rois ,
qu'il daigne agréer les motifs qui empêchent l'Affemblée d'accepter l'offre de l'abonnement. *

Mgr. l'Archevêque a indiqué la prochaine Séance , à Lundi ,
dix-neuf , neuf heures & demie du matin.

Fait & arrêté lefdits jour & an.

Signé ,

† FRANÇOIS , *Archevêque de Tours , Préfident.*

LAROUSSE ; *Secrétaire.*

V I I.

LE dix-neuf Novembre, mil fept cent quatre - vingt - fept ,
neuf heures & demie du matin , l'Affemblée réunie , il a été
fait lecture du Procés-verbal de la Séance d'hier.

Rapport du Bu-
reau des Régle-
mens.

Meffieurs du Bureau des fonds, comptabilité & réglemens, ont
fait un rapport, qui avoit pour objet de déterminer, prémièrement

---

* Voyez pag. 154 & fuivantes , l'Inftruction envoyée d'après les
Ordres de Sa Majefté au Commiffaire du Roi , pour faire connoître à
l'Affemblée les intentions de Sa Majefté relativement à cette Délibération.

l'époque à laquelle différentes confidérations pouvoient faire défirer que fe tinffent les Affemblées Provinciales & l'Affemblée Générale.

Secondement, le lieu où il feroit plus avantageux pour les trois Provinces de fixer la tenue de l'Affemblée Générale, pour l'année 1788, & les fuivantes.

L'Affemblée, ayant confidéré les devoirs qu'avoient à remplir plufieurs de fes Membres, & les différentes faifons où les travaux des campagnes exigent la préfence des propriétaires, déterminée d'ailleurs par le defir de partager également entre les trois Provinces les avantages communs, a arrêté qu'elle fupplieroit Sa Majefté de fixer la tenue des Affemblées Provinciales, au mois de Novembre, & celle de l'Affemblée Générale, au mois de Décembre; de continuer à Tours, pour l'année 1788, la tenue de l'Affemblée Générale, & de permettre qu'elle fe tienne, les années fuivantes, alternativement, dans les Villes de Tours, d'Angers & du Mans, s'en rapportant à ce qui fera décidé par Sa Majefté.

M. l'Archevêque a indiqué la prochaine Séance, à Mercredi 21, neuf heures & demie du matin.

FAIT & arrêté lefdits jour & an.

Signé,

† FRANÇOIS, *Archevêque de Tours, Préfident.*

MORISSON, *Greffier.*

V I I I.

LE vingt-un Novembre, mil sept cent quatre-vingt-sept, neuf heures & demie du matin, l'Assemblée réunie, il a été fait lecture du Procès-verbal de la Séance précédente.

M. le Président a donné lecture d'une lettre du Chapitre de l'Église Métropolitaine, par laquelle, après avoir exposé qu'il croyoit que M. l'Abbé d'Advisard, l'un de ses Membres, n'occupoit pas, dans l'Assemblée, le rang qui lui est dû, étant précédé par MM. les Abbés Commendataires, il a demandé, dans le cas où l'ordre actuel ne pourroit être changé pour le moment, un acte de non préjudice, capable de mettre ses droits à couvert, se réservant de les faire valoir dans la suite.

M. l'Abbé de Villeneuve, en qualité de Doyen, & de premier Dignitaire de l'Eglise d'Angers, & M. l'Abbé de Boisdeffre, comme Chanoine de celle du Mans, ont également fait leurs réclamations & réserves.

L'Assemblée a arrêté qu'il seroit fait mention dans le Procès-verbal, tant des réserves de MM. du Chapitre de Tours, que de celles de M. l'Abbé de Villeneuve, & de M. l'Abbé de Boisdeffre.

MM. du Bureau des Impositions ont commencé leur rapport.

Il a été fait lecture d'un Mémoire sur la Mendicité, qui a été remis à MM. du Bureau des Réglemens.

L'Assemblée a fait choix d'un sceau qui réunit les Armes des trois Provinces de la Généralité, & dont le détail suit :

Écartelé

Écartelé au premier & quatrieme d'azur, femé de fleurs de lys d'or, qui eft d'Anjou ; au fecond & troifieme, d'azur, femé de fleurs de lys d'or, au lion d'argent, en franc canton, & une bordure de gueules, qui eft du Maine ; & fur le tout de gueulles au Château d'argent, à la bordure componée de Jérufalem & de Naples - Sicile, qui eft de Touraine.

MM. du Bureau de la Comptabilité & Réglemens ont fait le rapport qui fuit :

MESSIEURS,

» Le Bureau a cherché à remplir la miffion que vous lui aviez donnée, tant pour l'examen des comptes, que pour celui des différens réglemens, enfemble des inftruΔions, qui ont été communiquées par M. le Commiffaire du Roi. Comme il n'a encore rien été remis au Bureau, fur le premier objet, il ne peut vous rendre aucun compte fur cet article.

Rapport du Bureau des Réglemens.

» Quant au fecond objet, il a néceffité l'examen de chacun des articles des inftruΔions, fuivant la comparaifon des additions ou retranchemens relatifs aux articles des Réglemens, des 18 Juillet & 12 Août 1787 ; en conféquence, le Bureau a penfé qu'il n'y avoit aucune obfervation à propofer à l'Affemblée, dans la premiere partie, jufqu'au paragraphe IV, qui concerne la Commiffion Intermédiaire, mais il lui a demandé de vouloir bien permettre que, fur ce paragraphe, ainfi que fur le fuivant, il remît à la prochaine Séance le compte des obfervations, qu'il avoit à lui préfenter, & qui n'étoient pas encore rédigées ; enfuite continuant les obfervations fur les autres paragraphes, le Bureau s'eft contenté, fur l'article des Affemblées Provin-

E

ciales, de faire obferver que, relativement au temps de leur
tenue, l'Affemblée Générale avoit formé un vœu qui détermi-
noit fa demande à cet égard, & qui feroit mis fous les yeux
du Roi. Paffant enfuite au paragraphe VIII, le Bureau a cru devoir faire remarquer,

Premiérement. „Que les inftructions fuppofoient des Syndics,
dans les Bureaux Intermédiaires de Diftrict; qu'il falloit prier
Sa Majefté de notifier fes intentions, à cet égard.

Secondement. „Que toutes les Affemblées penfoient que le taux
des Impofitions, requis pour l'admiffion des Membres aux Affemblées Municipales, devoit avoir lieu pour la regle ordinaire;
mais qu'il étoit à defirer qu'il fût permis, tant aux Affemblées
Provinciales qu'à leurs Commiffions Intermédiaires, d'y déroger,
fuivant l'exigence des cas, & fuivant un tableau qui en feroit
préfenté au Confeil, & approuvé par Sa Majefté.

„Le Bureau continuant le rapport de l'examen de la deu-
xieme partie des inftructions, a fait part des inconvénients qui
pourroient réfulter de l'article II du Réglement du 12 Août,
concernant les Affemblées Municipales, & on a cru devoir
préfenter une addition à cet article, qui étant fondée fur l'efprit
de juftice & d'équité, doit affurer l'Affemblée du fuccès de
la réclamation auprès de Sa Majefté:

„L'Affemblée Municipale ne pourra procéder à l'Impofition, Ré-
„ partition de la Taille & Acceffoires, ni à celle des Vingtiemes,
„ fans appeller un tiers au moins des Propriétaires de la Paroiffe
„ à la premiere opération, & un tiers d'Habitants fujets à la
„ Taille perfonnelle, à la feconde opération; en telle forte que,
„ pour la Répartition de la Taille, il foit appellé trois Proprié-
„ taires bien-tenants, fi l'Affemblée eft compofée de neuf

» Membres taillables, & dans la Répartition des Vingtiemes
» trois Membres taillables, fi l'Affemblée eft également com-
» pofée de neuf Propriétaires bien-tenants, & dans la même
» proportion, fi elle eft moins nombreufe.

» Pour répondre aux Inftruétions de Sa Majefté, fur la réduction des rôles, le Bureau a propofé qu'il n'y eût que trois
rôles ; le premier concernant la Taille, les Acceffoires, la
Capitation taillable, & les fonds pour les chemins ; le fecond
pour les Vingtiemes, & le troifieme pour la Capitation des
Nobles.

» A l'égard de l'art. IX du Réglement, concernant les réparations & conftruétions des nefs des Eglifes, le Bureau a
penfé que ce foin devoit être principalement confié aux Affemblées de Diftriéts, & de-là aux Affemblées Provinciales, qui
fans être aftreintes à prendre des Ingénieurs ou Sous-Ingénieurs
de la Province, pour dreffer les devis ou détails eftimatifs,
pourront choifir telles perfonnes capables, qu'elles jugeront à
propos. Enfin, fur l'article XI du même Réglement, le Bureau
penfe que l'Affemblée Générale doit, pour prendre une décifion, attendre les mefures indiquées par les trois Affemblées Provinciales, afin que le traitement des Syndics & Greffiers des
Affemblées Municipales foit modéré, le plus qu'il fera poffible.

» Le Bureau a terminé fon rapport, en obfervant que, fur les articles des inftruétions concernant les Affemblées Provinciales,
l'Affemblée Générale, & les fonétions refpeétives de l'Intendant
de la Province & de ces Affemblées, il n'avoit aucune réflexion à propofer. »

L'Affemblée a adopté les obfervations & réflexions du Bureau.

Le même Bureau a donné lecture du Mémoire suivant, sur la maniere de détruire la mendicité dans le Royaume.

MÉMOIRE *sur les moyens de détruire la mendicité.*

„Le Gouvernement s'occupe, depuis plusieurs années, des moyens de détruire la mendicité, & ces moyens ne paroissent pas avoir encore atteint leur but. Pour guérir un mal, il faut en connoître les causes, & y appliquer les véritables remedes. Celles qui ont produit cette multitude allarmante de mendiants tiennent à différents principes; on ne fera que les indiquer. 1.º L'excès des Impôts. 2.º L'absence des Grands Propriétaires. 3.º Le luxe des Villes. 4.º La disproportion du prix des journées avec celui des denrées. 5.º Le défaut d'une instruction religieuse & morale, qui fasse partie de l'enseignement public, & qui distingue la pauvreté que l'Evangile recommande à la charité, de celle qui a sa source dans l'oisiveté.

„On pourroit en assigner d'autres, mais on se borne à ces causes principales.

„On a employé, pour détruire la Mendicité, 1.º les Maisons de force; 2.º les défenses de mendier; 3.º l'emprisonnement; 4.º des Bureaux de charité, formés par la bienfaisance de quelques citoyens, & en trop petit nombre, pour l'étendue du Royaume.

„L'expérience a démontré que le dernier de ces moyens est le seul qui ait réussi; La raison en est bien simple; c'est qu'il est le seul qui tende à la réformation des mœurs, par le travail, le seul qui soit fondé sur la religion & la morale.

„En effet, la défense de mendier, & les peines les plus séèvres n'arrêtent jamais l'homme qui eft preffé, pour lui-même & pour fa famille, par les befoins phyfiques. Cette défenfe ne procure pas la reffource d'y fubvenir par le travail, & ne préfente aucun moyen de diftinguer la mendicité d'oifiveté, de celle qui naît d'un véritable befoin. Les Bureaux de Charité peuvent feuls procurer cet avantage ; eux feuls peuvent avoir toujours l'œil ouvert fur tout ce qui compofe leur département, & diftinguer les vrais befoins, les foulager, procurer du travail, & faire connoître la claffe des mendians de profeffion. Jufqu'à ce moment, il paroiffoit difficile, pour ne pas dire impoffible, de remédier à un mal, qui chaque jour prend de nouveaux accroiffemens, & qui, dans les campagnes, met un grand nombre d'habitans à la charge des autres.

„L'inftitution des Affemblées Municipales dans toute l'étendue du Royaume, offre le moyen qui paroît le plus conforme à l'efprit de la Religion & de la morale, pour détruire la mendicité. Si le Gouvernement ajoute à leurs fonctions celles de Bureaux de Charité, & leur permet de s'affocier, pour cet objet feulement, dans chaque Paroiffe, un certain nombre de femmes à leur choix, pour les aider dans ces fonctions utiles à l'humanité; fi le Bureau de Charité Municipal eft tenu de remettre chaque année au Bureau de Diftrict, & ce dernier à la Commiffion Intermédiaire, l'état des pauvres & des mendians de chaque Paroiffe, qui contiendra leur âge, leur fexe, leur métier, avec les obfervations qu'il croira utiles pour leur foulagement, & le compte des charités & des dépenfes de chaque année ; alors la Commiffion Intermédiaire jugera des Paroiffes dans lefquelles il feroit plus utile de porter des fonds de charité, pour y encourager le travail. Les mendians, purement oififs, feront connus, & s'ils font incorrigibles, ils feront, avec juftice & connoiffance de caufe, renfermés dans des Dépôts.

L'Affemblée, en approuvant les vues du Mémoire, a arrêté de propofer au Confeil du Roi d'ajoûter au Réglement concernant les Affemblées Municipales & Commiffions de Diftricts, les articles fuivans :

« Les Affemblées Municipales feront en même tems Bureaux » de Charité, & pourront, pour cette fonction feulement, s'affo- » cier, parmi des femmes qui habitent la Paroiffe, celles qu'ils » croiront les plus utiles à cette honorable fonction, de ma- » nière que leur nombre foit inférieur, & ne puiffe jamais » excéder celui des Membres du Bureau; elles repréfenteront » les befoins, & demanderont les fecours qu'elles jugeront » néceffaires aux pauvres des cantons qui leur feront affignés ; » l'Affemblée feule en délibérera.

» L'Affemblée Municipale enverra, chaque année, au Bureau » de Diftrict l'état des pauvres & des mendians de chaque Pa- » roiffe, lequel contiendra leur nombre par famille, leur fexe, » leur âge, leur métier, les obfervations qu'elle croira utiles » pour les foulager, fur-tout en leur procurant du travail.

» L'Affemblée de Diftrict remettra ces Etats avec fes obferva- » tions à la Commiffion Intermédiaire, qui en rendra compte » chaque année à l'Affemblée Provinciale, laquelle appliquera » les travaux de charité, & les fecours dont elle pourra dif- » pofer, aux Paroiffes qui en auront le plus de befoin.

» Les charités feront faites en travail, en denrées, & jamais » en argent; il ne fera rien changé aux Bureaux de Charité ci- » devant établis.

Il a été arrêté , à la demande de MM. les Procureurs-Syndics , qu'ils feroient dénommés fous le titre de *Procureurs-Syndics de l'Assemblée Générale des trois Provinces de la Généralité de Tours.*

Mgr. l'Archevêque a indiqué la prochaine Séance, à Vendredi vingt-trois , neuf heures & demie du matin.

FAIT & arrêté lefdits jour & an.

Signé ,

† FRANÇOIS , *Archevêque de Tours , Préfident.*

MORISSON , *Greffier.*

I X.

L E vingt-trois Novembre , mil fept cent quatre-vingt-fept, neuf heures & demie du matin, l'Affemblée réunie , il a été fait lecture du Procès-verbal de la Séance précédente.

MM. du Bureau de la Comptabilité & Réglemens ont fait le rapport qui fuit.

MESSIEURS,

„Le Bureau des Réglemens n'a rien négligé pour répondre à votre confiance , & pour traiter l'article des inftructions de M. le Commiffaire du Roi , concernant la Commiffion Intermédiaire : il a difcuté tous les avantages & les inconvéniens dont elle pourroit être fufceptible. Nous allons avoir l'honneur de mettre fous vos yeux , & cette difcuffion , & l'ordre qui a

Rapport du Bureau des Réglemens.

été fuivi dans l'examen de ces objets. Si la Commiffion Intermédiaire générale a été utile jufqu'à ce jour; fi elle doit l'être
d'ici à l'Affemblée prochaine, d'après les fonctions & devoirs
qui lui font attribués, fuivant les dernieres inftructions notifiées par M. le Commiffaire du Roi, on doit croire, d'après
ce que les Réglemens lui attribuent pour l'avenir, qu'elle ne
confervera pas la même utilité : le Bureau a cru pouvoir examiner les queftions fuivantes.

„ La Commiffion Intermédiaire fera-t-elle toujours néceffaire?
ne deviendra-t-elle pas plus onéreufe qu'utile ? fa compofition
ne préfente-t-elle pas une difficulté telle, qu'elle devient prefqu'impoffible à furmonter ? En la confidérant pour l'avenir de
quelqu'utilité, comment peut-elle être fuppléée ?

„ Tels font, Meffieurs, les points de vue fous lefquels le Bureau a cru devoir traiter la queftion foumife, en ce moment,
à la prudence de votre Délibération.

„ L'art. 5 du Réglement du 18 Juillet autorifoit l'établiffement
de la Commiffion intermédiaire générale ; mais l'Affemblée
complete fe croit fondée à examiner s'il n'y a pas des
inconvéniens qui doivent s'oppofer à ce qu'elle fubfifte, &
des moyens d'y fuppléer par un établiffement plus fimple,
moins onéreux & déjà exiftant.

„ Pour établir la néceffité ou l'inutilité de la Commiffion
intermédiaire, il faut examiner fes fonctions & fes pouvoirs.
Une Commiffion Intermédiaire repréfente l'Affemblée dont elle
eft émanée, dans l'intervalle de fes Séances ; il faut qu'elle
foit compofée dans les mêmes principes & les mêmes proportions. Ces principes font certains, & leur application

eft

eſt ici d'une néceſſité impérieuſe ; cependant la Commiſſion Intermédiaire, formée par l'Aſſemblée du 12 Août dernier, étoit bien loin de préſenter dans ſa formation, l'application de ces principes, puiſque l'Anjou n'a pu préſenter qu'un ſeul Membre, & que ce n'eſt que, par une déciſion récente, que les deux Procureurs-Syndics ont obtenu une voix délibérative. La Commiſſion Intermédiaire générale n'eſt chargée que des objets communs aux trois Provinces. Les objets communs ſont compoſés des trois intérêts de la Touraine, de l'Anjou & du Maine ; mais il faut qu'ils ſoient diſtingués.

» En effet, les véritables objets, communs aux trois Provinces, & déſignés tels par le Réglement que le Bureau s'eſt fait mettre ſous les yeux, ſont, premierement, les grandes routes qui traverſent toute la Généralité; & il n'y en a pas une à faire dans le moment actuel; ſecondement, les canaux qui ſeroient dans le même cas ; & il ne s'en trouve pas non plus.

» Quant aux objets qui ne pourroient être enviſagés ſous la qualification de *communs aux trois Provinces*, que parce qu'ils ſeroient préſentés en maſſe, ce ſeroit abuſer des termes, puiſque du moment qu'on les auroit diſtingués, ſéparés, ils rentreroient dans l'ordre des fonctions, qui ſont attribuées aux Aſſemblées Provinciales, & auxquelles elles doivent leur exiſtence ; le Bureau ne craint pas qu'on forme jamais un projet de cette nature.

» L'Aſſemblée générale eſt donc ſuffiſante pour examiner & décider les objets qu'elle auroit enviſagés comme communs aux trois Provinces ; mais dans ce cas même, la nature des choſes, l'économie & le beſoin d'une ſurveillance locale en renver-

F

roient toujours l'exécution à la Commiffion Intermédiaire Provinciale : l'intérêt de cette Affemblée , celui des trois Provinces feroient fatisfaits , & le but du Gouvernement fe trouveroit
auffi rempli , du moment que les Affemblées Provinciales font
chargées , de rendre compte de l'exécution ; peut-on dire que cette
Commiffion Intermédiaire foit néceffaire pour établir la correfpondance entre le Commiffaire Départi , & les trois Affemblées Provinciales ? Sa Majefté a bien voulu accorder la correfpondance immédiate entre le Commiffaire du Roi & la Commiffion Intermédiaire de chaque Province , & même le Miniftre des Finances. La comptabilité ne lui eft plus attribuée
concurremment avec M. l'Intendant , & il n'eft pas naturel
de croire que Sa Majefté veuille que cet objet , ainfi que tout
autre , paffe par l'examen de cette Commiffion Générale , qui ,
devant être compofée de Membres de chacune des Provinces ,
ne peut être le cenfeur de la vérification déja faite par les Affemblées Provinciales. Le Bureau ne reconnoiffant dans cette
Commiffion aucune fonction ni aucun pouvoir néceffaire ,
penfe qu'elle ne fera néceffaire ni utile fous aucun point de
vue. Il a cru devoir obferver , que depuis fon établiffement ,
elle s'eft trouvée dans l'impoffibilité d'être complete , attendu
que chacun de fes Membres a été obligé de s'abfenter au moins
pendant un mois , pour fe rendre aux Affemblées Provinciales , & que fa compofition actuelle préfente les mêmes
inconvéniens tous les ans.

„ Le Bureau a examiné enfuite fi à l'avenir elle ne fera pas
onéreufe. Ce qui n'eft pas néceffaire , paroîtra toujours onéreux
à vos yeux , Meffieurs ; lorfqu'il eft queftion d'une charge
fur le peuple , votre defir de le foulager , & vos vues d'économie préviennent l'opinion du Bureau , qui fe fait gloire de
les partager ; il fe contentera de vous expofer , que dans l'état

actuel, le tableau de la dépense, trop modérée peut-être pour fixer des Membres qui seroient obligés d'abandonner leur famille, monteroit à quinze mille livres. Il paroîtroit inutile, d'après ces réflexions, d'examiner quelle devroit être sa composition régulière ; cependant sous ce point de vue, il ne peut être douteux qu'elle doit être composée proportionnellement aux ordres & aux Provinces : conséquemment de deux Membres au moins de chaque Province. Comment rassembler, avec un traitement si modique, dans la Ville la plus dispendieuse de la Généralité, des sujets dignes de confiance, qui s'assujettiroient à une permanence réelle & continuée, ainsi qu'il seroit nécessaire? Cela présente des difficultés presqu'insurmontables. Malgré tous ces motifs, le Bureau a cru devoir s'occuper des moyens d'y suppléer par un établissement plus simple, moins onéreux, & déja existant, dans l'hypothese où Sa Majesté, dans sa sagesse, croiroit nécessaire de la remplacer ; en conséquence, & dans cette supposition seulement, le Bureau proposeroit que la Commission Intermédiaire fût suppléée par trois Procureurs-Syndics pris dans les trois Provinces, dont un représenteroit le Clergé & la Noblesse, en observant que lorsque le Président seroit de l'Ordre du Clergé, le Syndic seroit pris dans l'Ordre de la Noblesse, & vice versâ, & les deux autres dans le Tiers-Etat, lesquels formeroient véritablement la Commission Intermédiaire Générale ; ils correspondroient avec les Procureurs-Syndics des trois Assemblées Provinciales, & les consulteroient dans les cas importans & difficiles, ainsi que les Commissions Intermédiaires, soit par écrit, soit en les invitant à venir conférer avec eux, & prendre un parti définitif ; enfin pour l'objet de l'intérêt, ce seroit un bénéfice de 3000 livres, & le traitement honnête attribué à chacun d'eux rendroit plus facile le choix d'un sujet, qui réuniroit les suffrages & la confiance de la Province. »

L'Affemblée a arrêté que la Commiffion Générale Intermédiaire fera completée pour cette année , en conformité des Réglemens , & qu'elle fupplieroit Sa Majefté de prononcer fur fa compofition pour l'avenir , d'après les obfervations du Bureau qu'elle a adoptées.

MM. les Procureurs-Syndics ont fait le rapport fuivant des Procès-verbaux de Touraine , d'Anjou & du Maine.

En conformité des Réglemens & Inftructions de Sa Majefté , préfentés aux Affemblées par MM. les Commiffaires du Roi , MM. les Procureurs-Syndics des Provinces de Touraine , d'Anjou & du Maine , ont adreffé des copies des Procès-verbaux de leurs Affemblées.

TOURAINE.

Extrait des Procès - verbaux des trois Affemblées Provinciales.

L'ASSEMBLÉE Provinciale préliminaire de Touraine , préfidée par M. le Duc de Luynes , a fait fon ouverture le 6 Octobre , & a terminé fes Séances le 14 fuivant , après s'être conformée aux Ordres du Roi , avoir nommé les Syndics , choifi un Greffier , & adopté un Sceau aux Armes de fa Province.

Elle s'eft occupée de fe rendre complete , & a projeté de partager la Province en quatre Diftricts ; il a été rédigé un projet de travail pour la Commiffion Intermédiaire qu'elle a adopté ; & enfuite elle s'eft féparée.

L'Affemblée a repris fes Séances le 29 Octobre. En conformité des ordres du Roi , elle a partagé la Province en huit Diftricts , & elle a formé quatre Bureaux.

MM. Les Procureurs - Syndics on fait un rapport des travaux de fa Commiffion Intermédiaire ; il a été fait un autre rapport de différents Mémoires fur le bien public, les grandes routes, le commerce, &c.

Les frais & dépenfes ont été décidés provifoirement.

L'Affemblée a arrêté de demander au Roi l'abonnement des Vingtièmes, fuivant la quotité actuelle, & de le fupplier que l'Affemblée Générale fe tienne à Tours l'année prochaine.

M. le Duc de Luynes, M. le Marquis de Luzignem, & M. le Baron de Menou, ont été priés de folliciter, à la Cour & à Paris, les affaires de l'Affemblée.

M. le Commiffaire du Roi en a fait la clôture le 6 Novembre, & elle s'eft féparée, après avoir donné des marques de fa reconnoiffance à M. le Duc de Luynes, qui de fon côté a donné des affurances de fa fenfibilité aux témoignages honorables de l'Affemblée.

A N J O U.

L'OUVERTURE de l'Affemblée Provinciale préliminaire d'Anjou, préfidée par M. le Duc de Praflin, s'eft faite le 6 Octobre dernier, & a fini le 17 fuivant. Les Réglemens & Inftructions de Sa Majefté obfervés, elle a nommé fes Procureurs-Syndics, & fait choix d'un Greffier. M. le Comte de Praflin a été élu Membre du Tiers-État, après qu'il a été arrêté que cette nomination n'auroit pas de conféquence pour la fuite.

L'Affemblée a formé fes Bureaux, & a fait choix d'un fceau aux Armes de fa Province, a nommé fa Commiffion Intermédiaire, s'eft completée, & après avoir lû une lettre

de Monfieur, Frere du Roi, qui affure l'Affemblée de fa protection, elle a prévenu M. le Commiffaire du Roi, qui en
a fait la clôture, & elle s'eft féparée.

Le 21 du même mois l'Affemblée a repris fes Séances & a
réparti fes nouveaux Membres dans les Bureaux défignés ; on
y a lû un Mémoire adreffé à M. le Contrôleur-général, pour
le prier de décider entre l'Anjou & le Maine, s'il étoit jufte
& convenable de divifer les Élections, qui s'étendent fur différentes Paroiffes, fituées en l'une & l'autre de ces Provinces.

L'Affemblée a fait le rapport de différents Mémoires fur les
Impôts & le bien public.

Elle a voté pour que l'Affemblée Générale prochaine fût indiquée à la Flêche, & a nommé quatre Commiffaires honoraires
à la Commiffion Intermédiaire, fous le bon plaifir du Roi.

M. le Duc de Praflin a marqué fa fatisfaction, après avoir
reçu de tous les Membres des témoignages de confiance, &
l'Affemblée s'eft féparée, M. le Commiffaire du Roi en ayant
fait la clôture le 27 du même mois.

LE MAINE.

L'ASSEMBLÉE Provinciale préliminaire du Maine, préfidée par M. le Marquis de Juigné, a commencé le 6 Octobre
dernier, & a fini le 16 du même mois. Pendant cet intervalle,
elle a formé fes Diftricts, fixé provifoirement les dépenfes de
fon Adminiftration, a nommé fes Syndics, fait choix d'un
Greffier, d'un fceau aux Armes de fa Province, & s'eft
completée.

L'Affemblée a délibéré fur l'attribution de la préfidence de fes Diſtricts, a décidé qu'elle feroit alternative entre le Clergé & la Nobleſſe, & a arrêté un projet d'Inſtructions pour ſa Com-miſſion Intermédiaire.

L'Aſſemblée complete a commencé ſes Séances le 21 du même mois.

MM. les Procureurs-Syndics ont lû un Mémoire détaillé ſur la compoſition des Aſſemblées Municipales, ſur la confection des grandes Routes, ſur les avantages du Commerce, & ſur d'autres objets utiles au bien public.

L'Aſſemblée a réglé proviſoirement les fonctions de ſa Com-miſſion Intermédiaire ſur ce qui ſe pratique dans le Berry & dans la Haute-Guyenne, & a formé ſon vœu pour que l'Aſ-ſemblée Générale ſe tînt à la Flêche l'année prochaine, s'en référant néanmoins à la déciſion de l'Aſſemblée Générale.

Elle a arrêté, ſous le bon plaiſir du Roi, qu'il faudra prouver quatre générations nobles, l'Élu non compris, ou au moins cent ans de Nobleſſe, pour être admis à l'Aſſemblée en qualité de Gentilhomme, & a déterminé la forme des preuves, & M. le Commiſſaire du Roi ayant été prié d'en faire la clôture, elle s'eſt ſéparée le 24 du même mois, après avoir aſſuré M. le Marquis de Juigné, Préſident, de ſa re-connoiſſance, & en avoir reçu les marques de ſenſibilité les plus ſatisfaiſantes.

L'Aſſemblée Générale a mis en délibération combien de dé-grés de Nobleſſe il feroit à deſirer que les Membres de cet Ordre euſſent pour être admis dans les Aſſemblées. Le vœu général a été de ſupplier le Roi qu'il veuille bien déterminer qu'il fau-dra quatre dégrés, l'Élu non compris, ou cent vingt ans de Nobleſſe.

L'Affemblée défirant donner à M. l'Abbé de Bouvens des preuves de l'eftime que lui ont infpiré fes qualités perfonnelles & fes talens, a prié M. l'Archevêque, d'une voix unanime, de lui donner une nouvelle marque de fes bontés, en lui accordant des Lettres de Vicaire Général.

Mgr. l'Archevêque a applaudi à l'intérêt que l'Affemblée vouloit bien témoigner à M. l'Abbé de Bouvens, & a affuré que le regardant comme digne de fa confiance, il lui en feroit éprouver, très-prochainement, les effets.

La prochaine Séance a été remife à ce jour, cinq heures & demie du foir.

FAIT & arrêté lefdits jour & an.

Signé,

✝ FRANÇOIS , *Archevêque de Tours , Préſident.*

MORISSON , *Greffier.*

X.

LE vingt-trois Novembre, mil fept cent quatre-vingt-fept, cinq heures & demie du foir, l'Affemblée réunie, il a été fait lecture du Procès-verbal de la Séance précédente.

MM.

MM. du Bureau du Commerce ont préfenté un Mémoire
concernant le Commerce de Laval , & de quelques Villes de
l'Anjou.

L'Affemblée a arrêté qu'il feroit remis à MM. les Procureurs-Syndics , & a prié M. le Préfident , de propofer au
Confeil du Roi , d'après leurs obfervations , les vues qu'il
renferme.

MM. du même Bureau ont rendu compte de deux Mémoires ,
l'un concernant le Commerce des vins , & les difficultés que
les Marchands & Négociants éprouvent , aux barrières & Bureaux des Traites de l'Anjou , nonobftant l'Arrêt du Confeil
du 11 Novembre 1785 , & les Décifions Miniftérielles , qui
ont compris les droits de jauge & courtage & de fubven-
tion par doublement , comme faifant partie de ceux de Traites ,
dans l'affranchiffement , que cet Arrêt accorde aux Provinces de
la Loire , pour les vins de leur crû , deftinés pour celles des cinq
groffes Fermes & les Colonies , lorfqu'ils feront tranfportés
par emprunt de paffage en Bretagne.

L'autre Mémoire concernant les Tanneries , les droits fur
les Cuirs & Peaux , la manière dont ils font perçus &
exercés , les embarras qu'ils mettent dans cette branche de
commerce , & les dangers auxquels ils expofent ceux qui
l'ont embraffée , en forte qu'elle eft prefque anéantie depuis
l'établiffement de la régie des Cuirs.

L'Affemblée ayant pris ces deux Mémoires en confidération ,
les a remis à fa Commiffion Intermédiaire , & l'a chargée de
fe procurer les renfeignemens les plus étendus , & les éclairciffemens les plus précis , pour la mettre dans le cas de prendre ,
lors de fa prochaine réunion , fur le compte qui en fera rendu par

G

MM. les Procureurs-Syndics, les partis qu'exige l'importance de deux objets qui intéreffent auffi effentiellement cette Généralité ; elle a en conféquence invité tous fes Membres & les Commiffions Intermédiaires des trois Affemblées Provinciales à aîder la Commiffion Intermédiaire Générale dans fes recherches, & à lui faire parvenir, le plutôt qu'il fera poffible, leurs Mémoires & obfervations.

L'Affemblée a de plus arrêté que fa Commiffion Intermédiaire pourroit, fi les circonftances l'exigent, autorifer les Procureurs-Syndics à fe pourvoir provifoirement au Confeil ou au Tribunal qu'il appartiendra, pour faire affurer l'entière exécution de l'Arrêt du Confeil du 11 Novembre 1785, & des Décifions Miniftérielles qui l'ont fuivi.

MM. du Bureau des Chemins & Travaux publics, ont fait le rapport qui fuit.

MESSIEURS,

Rapport du Bureau des travaux publics.

» Pour répondre, autant qu'il eft en nous, à votre confiance, & nous conformer aux Ordres qui vous ont été remis par M. le Commiffaire du Roi, nous avons cru, pour procéder avec méthode, devoir divifer notre rapport en trois parties.

« La première concerne la nouvelle forme d'Adminiftration que le Roi propofe d'établir pour l'année 1789 & les fuivantes, les repréfentations & les difficultés d'exécution dont elle eft fufceptible, & le plan que l'Affemblée pourra propofer à Sa Majefté fur cet important objet.

» La feconde concerne la répartition des divifions des travaux de la Généralité pour 1788, le tableau indicatif des routes regardées en ce moment comme appartenantes à toute

la Généralité, ou à telle & telle Province, enfin tout ce qui
fera relatif à la forme de répartition, quotité, verſement de
la contribution des chemins, afin que ſur cette partie l'Aſ-
femblée puiſſe former un vœu précis, ſuivant les inſtructions.

» La troiſième comprendra la reddition du compte de tous
les Mémoires préſentés au Bureau, ſoit ſur les chemins, ſoit
ſur la navigation intérieure, l'état des fonds fixés pour la conſ-
truction des ponts & ponceaux ſur les grandes routes, & de
tout ce qui peut être relatif à cet objet.

PREMIÈRE PARTIE.

Ponts & Chauſ-
fées.

» L'INSTRUCTION porte que la dépenſe des Routes, au lieu
d'être regardée comme une dépenſe commune à la Généralité,
ſoit conſidérée ſuivant l'intérêt que chaque Communauté, Diſtrict & Province peut avoir à la confection deſdites Routes.

» Ce principe ſeroit juſte, & il pourroit procurer les plus
grands avantages aux peuples des trois Provinces ; mais ſon
exécution ſouffriroit, dans ce moment, des difficultés qui ſemblent nuiſibles au bien public & aux vues que le Gouvernement ſe propoſe. En effet, parmi les grandes Routes qui ont
été regardées comme les plus importantes, & qui ſont ouvertes dans les trois Provinces, les unes ſont à l'entretien,
les autres très-avancées, & d'autres ſeulement tracées.

» Les fonds qui y ſont deſtinés ne ſuffiſent qu'à peine à
ces ouvrages ; s'ils étoient détournés par la conſidération de
l'intérêt particulier de quelques Villes, Diſtricts ou Communautés, les avantages que les Provinces doivent en retirer, s'é-
loigneroient de plus en plus ; cependant on a cherché, dans la

Généralité, à se rapprocher du principe proposé par le Gouvernement, en n'employant les fonds des Paroisses, qu'à une distance de cinq lieues au plus de leurs clochers, de manière que leurs Syndics puissent être appellés aux adjudications, voir la continuation de l'ouvrage, juger par eux-mêmes si les fonds de la Paroisse y sont employés, enfin assister à la réception, & en rendre compte au Bureau de District auquel cette Paroisse ressortit. Ce seroit dans cette même vue que le Bureau proposeroit à l'Assemblée de demander que les fonds de charité, & ceux qui proviendront du bénéfice du rabais des adjudications, fussent employés aux communications utiles aux Particuliers, Communautés, Villes ou Districts, qui en formeroient la demande, avec offre d'une contribution indépendante des fonds ordinaires, qu'elles payent pour les travaux publics. Ces offres seroient portées par les Districts à la Commission Intermédiaire Provinciale, qui jugeroit de leur dégré d'utilité, & qui détermineroit la quotité des fonds, qui peuvent y être appliqués, par le devis qui en auroit été fait par l'Ingénieur de la Province, qui y joindra son avis. Le Bureau pense que lorsque des routes commencées auront été conduites à leur perfection, ou même lorsqu'il restera des fonds libres aux Provinces, ils ne peuvent être mieux ni plus utilement employés, qu'en se conformant aux plans indiqués par l'Instruction.

» On doit encore considérer l'extrême difficulté & les embarras énormes que l'application des principes établis dans l'instruction apporteroit à l'exécution de ce plan.

» On ne peut attendre que du tems, de l'habitude & des lumières, l'accession des Paroisses, Communautés ou Villes, à un plan utile en soi, mais qui laisse toujours l'inquiétude d'une surcharge actuelle.

» Un chemin peut traverfer une Paroiffe fur des terreins qui lui font moins utiles qu'à des Paroiffes voifines, fur le fol defquelles les habitans pourroient, ou ne pas paffer, ou ne paffer que dans un petit efpace ; dans quelle proportion pour-roit-on alors la taxer ?

» Si la Paroiffe eft pauvre, la communication ne pourra être faite, à moins qu'elle ne s'affocie à des Communautés voi-fines. Si une feule Paroiffe ou Communauté demandoit un embranchement, ce qui feroit très-rare, d'après le préjugé qui regne dans les campagnes, alors elle ne répartiroit donc que fur elle-même la quotité de la contribution qu'elle propoferoit ?

» Mais fi le chemin dont il s'agit concerne quatre ou cinq Communautés, alors la fixation de l'intérêt proportionnel, devient fujette à des difcuffions interminables, pour régler le dégré d'intérêt de chacune d'elles ; on fe plaindra toujours de l'arbitraire. En effet, rien ne peut être plus difficile que de donner une jufte proportion.

» Si on confidere ce plan du côté des Diftricts, on y trouve encore plus de difficultés ; une route peut n'être utile qu'à une moitié ou un quart du Diftrict qu'elle traverfe ; comment pouvoir en pareil cas régler les intérêts particuliers ?

» S'il s'agit de plufieurs Diftricts, la difficulté s'augmente en-core par les mêmes motifs, donnés pour un feul.

» Enfin, s'il s'agiffoit des Provinces, il ne feroit pas pof-fible de former des fonds particuliers, autres que ceux établis pour remplacement de la Corvée, attendu que dans le cas où il s'agiroit d'une Province, la contribution deviendroit un im-pôt général.

» L'inftruction établit différents exemples, d'après lefquels les contributions de chaque Diftrict, Ville ou Communauté, pour un chemin d'embranchement, doivent être reglées relativement à leurs intérêts refpectifs ; elle indique enfuite la maniere dont s'exécuteroient les Ouvrages, fuivant l'impofition qui feroit payée par chaque Diftrict, Ville ou Communauté, d'après leurs propres offres.

» On doit entendre que cette levée feroit additionnelle au rôle de l'impofition fonciere, & varieroit du 4.ᵉ, 5.ᵉ, 6.ᵉ ou moindre quotité, fuivant l'offre des Paroiffes, Villes ou Dif-tricts, & le degré d'intérêt que la Commiffion Intermédiaire jugeroit que ces Paroiffes, Villes ou Diftricts pourroient avoir à la confection de l'ouvrage.

» L'inftruction porte encore que les mêmes régles feroient obfervées entre les Provinces & les Généralités, pour les ou-vrages de grandes conftructions, Canaux, Digues ou Ponts; que fi les dépenfes excédoient une proportion déterminée par Sa Majefté, elle y contribueroit pour le furplus ; & que, dans tous les cas, une Affemblée fupérieure feroit chargée de la furveillance & direction de l'ouvrage.

» On peut appliquer à l'article de l'inftruction qui traite des Ponts, Ponceaux, Digues & Canaux, ce qui a été obfervé pour les Villes, Diftricts & Communautés. Le Bureau penfe qu'on ne peut qu'applaudir à l'organifation établie dans cet article, & que les feules difficultés difcutées dans l'article pré-cédent nuifent à fon exécution actuelle. Il obferve, conformé-ment aux Réglemens & aux principes adoptés pour les ou-vrages publics, que chaque Communauté ne pourroit faire une offre qui excédat 500 livres, à moins d'une autorifation ;

il paroîtroit jufte que cette levée portât fur les impofitions foncieres , attendu que l'utilité des routes tourne plus particulièrement à l'avantage des Propriétaires.

L'application de cette regle aux grands travaux de la Généralité, pour une impofition qui feroit levée fur les Provinces ,
indépendamment des fonds ordinaires , paroîtroit entraîner
les plus grands inconvénients, exciteroit les réclamations des
Provinces , & ce feroit le cas, où une partie des fonds levés
dans la Généralité pourroit être employée fpécialement à ces ouvrages de grande conftruction , d'après leur utilité reconnue.

Le Bureau a penfé qu'il eft jufte que, dans le cas où une Affemblée fupérieure fuppléeroit au contingent d'une Communauté inférieure , alors cette Affemblée fupérieure foit chargée
de la furveillance & direction de l'ouvrage.

Tous les objets préfentés par MM. du Bureau ayant été mis
en délibération , l'Affemblée a arrêté de propofer au Confeil
les articles fuivants.

ART. I. « Les fonds levés dans les trois Provinces qui com-
» pofent la Généralité de Tours , continueront, comme par le
» paffé , à être employés ; 1.º à l'entretien des routes qui font
» achevées; 2.º à la confection de celles qui font commencées ,
» ou arrêtées au Confeil, fuivant les devis & plans qui feront re-
» mis par l'Ingénieur aux Affemblées, auxquels Sa Majefté en a
» confié l'Adminiftration.

ART. II. » Les fonds dans les Paroiffes pour le remplacement
» de la Corvée , continueront à être employés à une diftance ,
» qui ne pourra être de plus de cinq lieues du Clocher defdites
» Paroiffes , dont les Syndics feront appellés aux adjudications
» & à la réception de l'ouvrage.

ART. III. » Les fonds de Charité, & ceux qui proviendront
» à l'avenir du rabais des adjudications, feront employés, fous
» le bon plaifir du Roi, à procurer les débouchés les plus uti-
» les aux Diftricts, Villes ou Communautés qui en formeront
» la demande.

ART. IV. » Ces demandes ne pourront être admifes que fous
» l'offre d'une contribution, qui ne pourra être moindre que le
» tiers des fommes accordées ; elles feront adreffées par les Villes
» & Communautés aux Diftricts, & par les Diftricts, à la Com-
» miffion Intermédiaire Provinciale, qui jugera de celles qui, à
» raifon de leur utilité, méritent la préférence.

ART. V. » Les fonds ordinaires levés dans les Provinces, ne
» pourront être en tout, ou en partie, employés aux routes par-
» ticulieres, qu'après que celles mentionnées en l'article premier
» auront été mifes à l'entretien.

ART. VI. » Les offres que les particuliers pourroient faire pour
» obtenir des travaux de Charité, feront adreffés aux Diftricts
» ou à la Commiffion Intermédiaire Provinciale, qui ftatuera,
» fuivant leur degré d'utilité, en accordant en tout, ou en par-
» tie, la fomme demandée.

ART. VII. » Lorfqu'une Communauté, Ville, Diftrict, ou un
» Particulier, auront demandé & obtenu un chemin, & payé
» la contribution du tiers au moins, & que les fonds de cha-
» rité leur auront été accordés, le premier emploi des fonds
» fera d'ouvrir la totalité de la route dans la largeur prefcrite,
» de faire les foffés, afin de la rendre praticable, même avant
» qu'elle foit conduite à fa perfection.

ART. VIII. » On obfervera les mêmes précautions pour la re-
» mife

» mife, l'emploi & la fûreté des fonds, qui avoient lieu dans la
» précédente administration.

Art. IX. » Dans le cas où une Affemblée Supérieure fe char-
» geroit de fuppléer au contingent d'une Communauté inférieure,
» alors cette Affemblée Supérieure feroit chargée de la furveil-
» lance & direction de l'ouvrage, comme s'il étoit le fien
» propre.

Art. X. » Si les ouvrages font faits fur les fonds de charité,
» la direction en appartiendra, fous le bon plaifir du Roi, aux
» Affemblées Provinciales, qui pourront en confier la furveil-
» lance aux Bureaux de Diftricts, fous l'infpection de l'Ingénieur
» de la Province ».

M. le Préfident a indiqué la prochaine Séance, à demain
24, neuf heures du matin.

Fait & arrêté lefdits jour & an.

Signé,

† FRANÇOIS, Archevêque de Tours, Préfident.

Morisson, Greffier.

X I.

LE vingt-quatre Novembre, mil fept cent quatre-vingt-fept,
neuf heures du matin, l'Affemblée réunie, lecture a été faite du
Procès-verbal de la Séance d'hier.

H

M. Delauney de Fresney, absent de l'Assemblée, pour cause de maladie, y est arrivé aujourd'hui, & y a pris Séance, suivant son âge.

L'Assemblée ayant procédé au remplacement de MM. de la Commission Intérmédiaire, qui ont donné leur démission, a élu au scrutin, à la place de M. Belin de Beru, M. Chesnau des Portes. M. le Comte d'Autichamp & M. Jamin de la Moinerie, ont rempli les fonctions de Vérificateurs du scrutin.

Et à l'égard de l'autre place, vacante par la démission de M. le Marquis de Rochecot, MM. de la Noblesse, & même MM. du Clergé, qui composent l'Assemblée, ayant représenté que leurs affaires ne leur permettoient pas d'accepter la place vacante, l'Assemblée a arrêté de nommer, sous le bon plaisir du Roi, un de MM. les Représentants des Propriétaires du Tiers-État, & elle a élu au scrutin M. Davy-Despiltieres.

Sur la proposition d'un de Messieurs, de décider si, conformément à ce qui a été réglé dans plusieurs Assemblées Provinciales, on nommeroit des Députés à la Cour, l'Assemblée rendant hommage aux lumieres, au zele & au talent de Mgr. l'Archevêque, Président, l'a prié de vouloir bien être son unique représentant à la Cour.

M. Pasquier, Conseiller de Grand'Chambre, & M. de Montsabert, Conseiller au Parlement, ont dit que des affaires personnelles les obligeoient à s'absenter de l'Assemblée, & ils ont témoigné les regrets qu'ils avoient de ne pouvoir continuer à partager ses travaux.

M. le Président, ayant annoncé qu'il se proposoit d'aller

demain à Amboife, pour y rendre fes devoirs à Mgr. le Duc de Penthievre, qui y étoit arrivé le jour d'hier, l'Affemblée l'a prié de faire agréer à ce Prince fes refpectueux hommages.

La prochaine Séance a été remife à Lundi 26, neuf heures du matin.

FAIT & arrêté lefdits jour & an.

Signé,

FRANÇOIS, *Archevêque de Tours*, *Préfident*.

MORISSON, *Greffier*.

X I I.

LE vingt-fix Novembre, mil fept cent quatre-vingt-fept, neuf heures du matin, l'Affemblée réunie, il a été fait lecture du Procès-verbal de la Séance précédente.

Mgr. le Préfident a dit que M. le Comte de Serrant l'avoit prévenu que des affaires indifpenfables l'avoient forcé à s'abfenter de l'Affemblée.

Mgr. l'Archevêque, Préfident, a donné communication à l'Affemblée d'une lettre de M. le Contrôleur Général, en date du 23 de ce mois, par laquelle ce Miniftre lui en a adreffé une de M. le Duc de Praflin, Préfident de l'Affemblée Provinciale d'Anjou, ainfi qu'un Mémoire rédigé par la Commiffion Intermédiaire Provinciale d'Angers, dont l'objet eft de réclamer

H ij

contre la prétention de l'Affemblée Provinciale du Maine, fur
foixante-quatorze Paroiffes de l'Election de la Flêche, & fur-
tout contre la grande activité, avec laquelle cette derniere Affemblée Provinciale s'eft mife en poffeffion de ces foixante-
quatorze Paroiffes ; M. le Contrôleur - Général defire que l'Affemblée prenne cet objet en confidération, qu'elle préfente au
Roi fes obfervations à ce fujet, & fon avis fur ce qu'elle
croira le plus convenable.

L'Affemblée en ayant délibéré, & les Membres qui la compofent, appartenans aux Provinces d'Anjou & du Maine, ayant
perfifté dans les demandes & prétentions refpectives formées
par les Affemblées de ces deux Provinces, fur lefquelles elles
s'en font rapportées à la Juftice du Roi, croyant d'autant moins
devoir concourir à aucun avis fur cette queftion, que l'une &
l'autre Province y eft intéréffée, les Membres appartenans à
la Touraine font les feuls qui fe font trouvés libres dans leur
opinion ; mais en ayant mûrement deliberé, ils ont penfé
que les Mémoires pour la Province d'Anjou ayant été pro-
pofés à leur examen, fans qu'il leur ait été rien produit pour
la défenfe de la prétention de l'Affemblée Provinciale du
Maine, ils étoient eux-mêmes dans l'impuiffance, faute d'inftructions contradictoires & de connoiffances locales, de donner
un avis avec fageffe & équité.

D'après ces confidérations, l'Affemblée Générale a prié
Mgr. l'Archevêque de faire part de cette réfolution à M. le
Contrôleur-Général, & de l'engager à remercier le Roi de la
marque de confiance que Sa Majefté a bien voulu donner à
l'Affemblée, & à l'affurer des regrets qu'elle éprouve de ne
pouvoir en cette circonftance y répondre, comme elle l'eût
defiré.

M. le Préfident a également donné lecture de deux
autres lettres de M. le Contrôleur - Général , en date du
23 de ce mois , la premiere ayant pour objet le compte
à rendre à M. le Contrôleur - Général & à M. le Commiffaire Départi des délibérations prifes dans l'Affemblée ; la
feconde , les obfervations que doit faire l'Affemblée fur les
Procès-verbaux des Affemblées Provinciales.

L'Affemblée a répondu qu'elle fe conformeroit exactement à
ce qui eft prefcrit par la premiere ; qu'à l'égard de la feconde ,
le défaut de connoiffances locales , & plufieurs confidérations
importantes ne lui permettoient pas pour cette année de faire
des obfervations fur les Procès-verbaux des Affemblées Provinciales.

Il a été lû une Requête & un Mémoire figné de M. l'Abbé de
la Broffe , Syndic du Clergé d'Anjou , de MM. Claveau ,
Maire d'Angers , Coquereau de Bois - Bernier , & Delaunay ,
Avocat , fondé de procuration de M. le Comte de Lantivy
adreffés à MM. les Procureurs-Syndics , pour être préfentés à
l'Affemblée concernant le droit prétendu par quelques Seigneurs-
haut - jufticiers , de difpofer des arbres des chemins , & l'oppofition qui eft formée par leurs vaffaux , arriere - vaffaux &
cenfitaires.

L'Affemblée , après avoir entendu MM. les Procureurs-
Syndics , confidérant que cette queftion , qui s'eft élevée en
Anjou , peut également naître en Touraine & dans le Maine ,
où les chemins font auffi bordés d'arbres , a penfé qu'elle eft
fondée à en prendre connoiffance , & même , en cas de befoin ,
à intervenir dans la caufe , d'après l'Edit de création des Affemblées Provinciales , dont l'article III porte » que les Procureurs

» Syndics qui feront établis, près de chacune des Affemblées Pro-
» vinciales & de Diftrict, pourront en leur nom & comme leurs
» repréfentants, préfenter toutes requêtes, former toutes de-
» mandes & introduire toutes inftances, pardevant les Juges qui
» doivent en connoître, & même intervenir dans toutes les
» affaires générales ou particulieres, qui pourroient intéreffer
» lefdites Provinces ou Diftricts, & les pourfuivre, au nom
» defdites Affemblées, toute-fois qu'ils y auront été autorifés
» par elles ou par les Commiffions Intermédiaires; »

En conféquence, elle a chargé fa Commiffion Intermédiaire de
prendre tous les éclairciffemens, renfeignemens, lumieres qu'elle
pourra fe procurer fur l'état de cette queftion importante,
même en en communiquant avec les Commiffions Intermédiaires
des trois Provinces de la Généralité, pour lui en rendre compte
à fa premiere réunion; & fi cependant ladite Commiffion Intermédiaire voyoit que les jugemens puffent être rendus aupa-
ravant, elle a arrêté que la Commiffion Intermédiaire autori-
feroit les Procureurs-Syndics à intervenir, s'il y avoit lieu,
pour le bien de la chofe publique, dans les inftances & procès
concernant cette affaire, & à prendre telles conclufions qu'elle
jugera à propos de leur prefcrire; elle a arrêté en outre, de
prier Mgr. l'Archevêque d'employer fes bons offices, pour parvenir à une conciliation entre les Parties, ce qui eft le vœu
effentiel de l'Affemblée.

Un de MM. a propofé de déterminer quand les délibérations
doivent être regardées comme confommées. L'Affemblée a décidé qu'elles ne doivent être cenfées définitivement arrêtées,
qu'après la lecture du Procès-verbal de la Séance, dans laquelle elles ont été prifes, & qui doit toujours être faite au
commencement de la Séance fuivante; que cependant elles

ne pourront être changées, quant au fonds, qu'à la pluralité des deux tiers au moins des suffrages.

M. le Président, qui s'étoit chargé de porter à Mgr. le Duc de Penthievre l'hommage respectueux de l'Assemblée, a dit que ce Prince l'avoit prié de lui témoigner sa reconnoissance & sa sensibilité.

MM. du Bureau des Impositions ont commencé un rapport, qui n'a pu être terminé.

La prochaine Séance a été indiquée à demain, dix heures du matin.

FAIT & arrêté lesdits jour & an.

Signé,

† FRANÇOIS, *Archevêque de Tours, Président.*

MORISSON, *Greffier.*

XIII.

LE vingt-sept Novembre, mil sept cent quatre-vingt-sept, dix heures du matin, l'Assemblée réunie, il a été fait lecture du Procès-verbal de la Séance d'hier.

MM. du Bureau de la Comptabilité & Réglemens ont rendu compte des frais de l'Assemblée, d'après les différens mémoires des Fournisseurs ; l'Assemblée a renvoyé ces mémoires à MM. les Procureurs-Syndics, pour y faire leurs observations & en rendre compte à la Commission Intermédiaire, qui les réglera & les fera acquiter.

MM. du Bureau des Chemins & Travaux publics ont continué leur rapport.

SÉCONDE partie du Rapport du Bureau des Chemins & Travaux publics.

MESSIEURS,

« La feconde partie du rapport que nous avons l'honneur de mettre fous vos yeux ne doit vous offrir que les réflexions du Bureau fur les vingt-deux articles des Inftruftions données par M. le Commiffaire du Roi, fur les Adminiftrations des Chemins de la Généralité, & une fimple indication des travaux à exécuter en 1788, dans les trois Provinces.

„ Le tableau complet & détaillé de tous ces travaux, dont M. l'Ingénieur en chef s'occupe, ne pouvant être fait avant la féparation de l'Affemblée, fera préfenté par lui à la Commiffion Intermédiaire, dans le tems prefcrit, pour être enfuite envoyé au Confeil, & approuvé, felon l'ufage.

„ Mais l'extrait fommaire qu'il nous en a fait, & que nous avons l'honneur de vous préfenter dans ce rapport, fuffira pour vous donner la facilité d'affeoir les travaux qu'il convient de faire l'année prochaine, préfumant que vous agréerez, fans aucun changement, tous les projets & devis déja faits ; ils nous ont paru très-fagement déterminés ; d'ailleurs ce travail, par l'immenfité de fes détails, nous a femblé ne pouvoir être altéré dans ce moment-ci, ni l'application des fonds changée ou intervertie ; vous ferez néanmoins les maîtres de divifer les adjudications, qui pourroient être trop fortes, fans que cela puiffe opérer un changement nuifible à leur prompte exécution.

La

» La fageffe de l'Adminiftrateur éclairé auquel vous fuccédez, Meffieurs, dans la partie fi intéreffante des chemins, qui vient d'être confiée à vos foins, avoit déja prévenu & fait obferver les points les plus effentiels des difpofitions énoncées dans les Inftructions de M. le Commiffaire du Roi ; & plus nous avons étudié les principes qui ont gouverné cette branche de fon Adminiftration, & plus nous avons reconnu l'efprit d'ordre, de juftice & de circonfpection qui la dirige.

» En effet, Meffieurs, l'emploi des fonds de 1787 a été fi fagement ordonné, qu'aucune dépenfe n'eft dûe, ni anticipée, qu'aucune adjudication portant fur les fonds de 1788, n'a été paffée, de manière que non feulement le total de l'impofition de ladite année fera à votre difpofition, mais que fur celle de 1787, vous avez un reliquat de la fomme de 31,933 liv. 2 fols ou environ, que les adjudications ont donné fur les eftimations des dévis.

» S'il eft doux, Meffieurs, pour une nouvelle Adminiftration de n'avoir point à cenfurer, même tacitement, celle qu'elle remplace, combien par cette même raifon il eft agréable à ceux, que vous avez fpécialement chargés de vous rendre compte des chemins & de tout ce qui y a rapport, de n'avoir que des louanges à donner au Magiftrat qui en avoit la direction, & de ne lui rendre fur ce point que l'hommage que tout homme loyal doit à la vérité.

» Un des grands avantages, Meffieurs, que réunit auffi cette Affemblée, pour accélérer la confection des Routes qui vivifient le Commerce, & raniment l'Agriculture, naît de la bonté de Sa Majefté d'avoir mis fous vos ordres une portion d'un Corps, qui, par fes connoiffances profondes dans fon art & fon zèle inaltérable pour l'avantage public, s'empreffera fans

I

doute de répondre par son activité aux vues qui vous animent. Nous en avons acquis la certitude par l'empressement & l'honnêteté, avec laquelle M. de Montrocher, Ingénieur en chef, nous a donné tous les éclaircissemens nécessaires & toutes les explications les plus satisfaisantes.

» Nous avons pensé que les personnes employées en sous-ordre, comme Conducteurs, Piqueurs ou préposés pour veiller à la confection & entretien des grandes Routes, devant être également subordonnées aux Ingénieurs & aux Assemblées Provinciales, il convenoit qu'ils fussent brévetés par elles, sur la présentation de l'Ingénieur en chef ; que lesdites Assemblées Provinciales ou leurs Commissions Intermédiaires eussent droit de les destituer ; droit qui leur est attribué par l'Instruction ; mais que les Ingénieurs, en cas de mécontentement, ne pussent que suspendre leurs fonctions.

» Le nombre de ces Employés inférieurs ne peut être précisément fixé ; il est soumis au nombre des travaux, & dépend de l'étendue du département de chaque Ingénieur ; mais nous pensons qu'il ne peut y avoir plus de deux dans les plus considérables, & un seul dans les plus circonscrits.

» Que les appointemens de ces Conducteurs, obligés d'avoir chacun un cheval, ne pourront excéder la somme de neuf cents livres par an, avec l'espérance d'une gratification proportionnée à leur intelligence & à leur activité.

» Pour concilier le vœu déja connu des Provinces d'Anjou & du Maine, avec l'avis particulier du Bureau, il a estimé que l'adjudication des travaux neufs ne pourra jamais excéder la somme de 10,000 livres.

» Que le même Adjudicataire ne pourra avoir deux adju-

dications fur deux Routes différentes , & que les marchés d'entretien, à paffer avec les Entrepreneurs , ne pourront comprendre que l'efpace de dix lieues , de deux mille toifes , à
moins que, dans l'un ou l'autre cas, il ne fe préfentât des confidérations majeures ou jugées telles par les Commiffions Intermédiaires , fur le rapport des Diftricts & des Ingénieurs. Ces prix
modérés réuniffent le double avantage de multiplier les Adjudicataires , en leur procurant néanmoins un bénéfice fuffifant , & de faire baiffer les prix , par leur concurrence.

» A l'égard des entretiens , le Bureau a l'honneur de vous
propofer , Meffieurs , comme un moyen de pouvoir parvenir
peut-être un jour à une plus grande économie dans cette partie ,
d'ordonner un effai de deux régimes différens , l'un , d'un entretien de cinq lieues de route , par un Entrepreneur , & l'autre ,
de pareille diftance , par des Cantonniers payés à l'année , auxquels les matériaux feroient fournis , préparés & rendus fur
place , par des marchés particuliers , publics & au rabais ; ces
marchés feroient auffi multipliés qu'il y auroit de Cantonniers.

» Pour mieux juger de l'économie qui pourroit réfulter de
l'un de ces deux moyens , nous propofons de porter un effai fur la grande Route de pofte du Mans à la Fleche , &
un autre fur celle de la Fleche à Angers , dont l'entretien par
la nature de la matière & du fol feroit plus facile que celui de
la première.

» Il nous a paru qu'un de ces moyens , s'il étoit furveillé ,
rapporteroit en économie le bénéfice légitime , que tout Entrepreneur attend de l'ouvrage dont il fe charge.

» L'établiffement le plus avantageux à l'économie future & à l'entretien des grandes routes feroit certainement, Meffieurs, celui des roues à larges jantes ; leur utilité eft reconnue & démontrée. Nous n'entreprendrons point de vous la retracer ; mais M. de Montrocher nous a fait part d'une lettre de M. de la Milliere, qui, toujours occupé du bien & des avantages du Département, dont il eft le Chef, l'a chargé de nous préfenter la néceffité d'un réglement général, qui profcrivant l'ufage des anciennes roues, affujettiroit les rouliers de la Généralité à celui des nouvelles. Cette lettre, dont nous allons avoir l'honneur de vous faire la lecture, & qui prévoit les délais & les modifications néceffaires à tout changement, eft accompagnée d'un grand nombre de certificats, qui conftatent que tous les rouliers qui font ufage de ces nouvelles roues, pour tranfporter des charges pefantes dans des lieux éloignés, y ont trouvé les avantages d'un roulage plus facile, plus fûr & moins pénible pour les chevaux. Le Bureau a penfé qu'il étoit néceffaire de folliciter un réglement auffi fage, pour diminuer la dégradation des routes, dont l'entretien deviendroit par ce moyen moins coûteux, & qu'en attendant que Sa Majefté eût prononcé fur cet objet, il feroit utile de faire connoître dans la Généralité les avantages conftatés de ces nouvelles roues, & d'encourager les rouliers à en faire ufage.

» Les Départemens particuliers des Ingénieurs & Sous-Ingénieurs ne font pas encore déterminés, dans l'arrondiffement de chaque Province, ainfi qu'il eft prefcrit par l'article 4 de l'Inftruction, les ordres n'étant pas encore parvenus à l'Ingénieur en Chef ; & le Bureau ne peut qu'approuver les vues fages & déjà fuivies, renfermées dans l'article 5.

» Les renfeignemens en tous genres, que nous avons reçus de M. l'Ingénieur en Chef, & les connoiffances particulières que

nous avons pu recueillir, nous ont mis à portée de pouvoir
vous aſſurer, Meſſieurs, que les parties de routes déjà faites
dans la Généralité, ſont dans le meilleur état.

» Mais, pour remplir les vues des articles 7 & 8, renfermées
dans l'Inſtruction, nous allons mettre ſous vos yeux le Tableau
indicatif des routes déjà terminées ou entrepriſes, qui, par la
nature de leur direction ou de leur utilité, doivent dès ce moment être regardées comme appartenantes à toute la Généralité, ou à telle ou telle des trois Provinces.

» Vous ſentez, Meſſieurs, les difficultés qui ſe ſont préſentées,
pour établir ces indications, d'une maniere exacte & déterminée, & combien il eſt délicat de prononcer ſur l'utilité, dont
chaque route peut être à chaque Province qu'elle traverſe,
dans une plus ou moins grande portion. Pour y parvenir,
nous avons conſulté l'Ingénieur en Chef, dont les talens vous
ſont connus, & nous avons l'honneur de vous offrir ce Tableau, fruit de ſes lumieres & de nos réflexions ; mais avant
de l'arrêter & même de l'examiner, il ſeroit important de peſer
le ſens littéral de l'article 7 des Inſtructions ; nous en avons
conclu que toute route qui traverſe le territoire des trois Provinces, appartenoit à la Généralité ; & il ne s'en trouve qu'une
ſeule de cette eſpece : que celles, qui paſſoient ſur le territoire de deux Provinces, étoient de leur reſſort reſpectif, & que
celles, enfin, qui n'en traverſoient qu'une ſeule, la concernoient
uniquement. Mais on peut entendre cet article dans un autre
ſens, en conſidérant toutes les routes primitives & eſſentielles
de communication, ainſi que celles qui, traverſant deux Provinces, contribuent à la vivification générale, comme appartenantes à la Généralité, & ſeulement celles de communication

particuliérement néceffaires de chacune des trois Provinces à une Province voifine , comme lui appartenant exclufivement.

» Il fera facile de changer ce Tableau, fi vous n'approuvez pas , Meffieurs, ces difpofitions ; mais fi elles fe trouvent contraires à votre décifion, & fi l'on admet cette diftinction, qui rentre en entier dans le nouveau régime que le Gouvernement propofe pour l'année 1789 , & dont nous avons eu l'honneur de vous détailler les inconvéniénts d'exécution, dans la première partie de notre rapport , il faudra partager en quatre les fonds actuels de l'impofition des chemins , afin que chacune des trois Provinces puiffe entretenir fés routes particulières , & la Généralité celles qui lui feroient attribuées. Cet inconvénient nous a femblé devoir être ajouté à ceux que nous avons déjà préfentés.

» L'art. 11 de l'inftruction renfermant un des points les plus importans fur lefquels l'Affemblée ait à délibérer , le Bureau a penfé qu'il ne pouvoit le traiter avec trop d'attention, mais il a confidéré féparément chacun des objets qu'il préfente.

» L'Impôt pour les chemins eft levé dans la Généralité, fur le pied du quart du principal de la Taille , & ne revient, calcul fait, qu'au neuvième un quart ou environ, à la totalité des Impofitions levées fur les Habitans : ce qui produit, ainfi qu'on l'a déjà vu dans le rapport du Bureau des Impôts, la fomme de 850,044 liv. 16 f. 6 den.

» Quelque confidérable qu'elle paroiffe au premier coup d'œil, fi on la compare à 297 lieues 94 toifes de grandes routes à

entretenir, à 361 lieues 357 toifes de routes neuves, de néceffité premiere, au débouché de Commerce des trois Provinces, & à l'immenfe étendue des chemins de communication
intérieure qui manquent dans chacune d'elles, on le trouvera fans
doute inférieur à des befoins fi grands & fi preffans. Mais, par
la connoiffance des charges des Peuples, le Bureau a penfé
qu'il étoit fage de ne pas augmenter l'Impofition cette année,
quoi qu'elle en foit fufceptible, conformément à la Déclaration du Roi du 27 Juin dernier.

» Les Propriétaires nobles & eccléfiaftiques, qui ne font pas
nominativement affujettis à cet Impôt, y contribuent cependant
par la voie de leurs Fermiers dans la même proportion que les
autres Contribuables, puifque cet Impôt eft affis en raifon du
quart du principal de la Taille. On doit toutefois en excepter
ceux de ces deux Ordres qui font valoir par eux - mêmes
quelques parties de leurs Domaines ; le nombre en eft
peu confidérable & peu important. Mais cette claffe fi nombreufe de Citoyens riches, foit par des fpéculations heureufes,
foit par un commerce étendu & actif, foit enfin par des place-
mens d'argent utiles, quoiqu'onéreux à l'Etat, qui tous n'ont
pas des propriétés foncieres, jouit paifiblement de l'avantage
des chemins, contribue d'autant plus à leur dégradation, que
leurs befoins & leurs fortunes néceffitent fouvent leur déplace-
ment, tandis que l'utile Cultivateur, le malheureux Taillable,
& l'honnête, mais obfcur Citoyen-propriétaire, fupportent à
eux feuls la charge pefante de leur entretien.

» Quand verrons-nous, Meffieurs, fe réalifer cette maxime de
juftice & de vérité premiere en matière d'adminiftration, que
toute dépenfe utile à la maffe commune, doit être fupportée
par la maffe commune! Nous ne pouvons former que des vœux,

& nous en rapporter, à cet égard, à la fageffe du Monarque
qui nous gouverne.

» La perception de l'Impôt des chemins fe fait par les Collecteurs de la Taille, auxquels la Déclaration du Roi attribue fix
deniers .pour liv., pour les indemnifer des frais de rôles & de
perception : ce qui paroît jufte & modéré. Par une déroga-
tion à cette déclaration, ces Colle&teurs, au lieu de payer les
Adjudicataires des travaux des routes, (ce qui préfentoit trop
de difficulté) verfent les fonds dans la caiffe des Receveurs-
particuliers des Finances, qui font les payemens, & en font
l'avance fans aucune rétribution.

» Le plus grand nombre d'entr'eux paye exa&tement les Entrepreneurs, à mefure qu'ils fe préfentent, munis des Ordonnances & Certificats prefcrits ; mais quelques-uns s'y refufent,
gênés par la difficulté des recouvremens : ce qui apporte de
grandes longueurs dans les attéliers, & caufe quelquefois leur
abandon total.

» Malgré cet inconvénient, le Bureau a penfé qu'il falloit s'en
tenir à cette forme établie, jufqu'à ce que Sa Majefté ait au-
torifé les Affemblées provinciales à établir des Receveurs-Particuliers, & multipliés fuivant l'arrondiffement des Paroiffes,
envers lefquelles ils feroient refponfables des deniers levés fur
elles, fans que celles-ci le fuffent envers le Roi. Honorés d'un
choix qu'ils ne devroient qu'à leur bonne réputation, ils pourroient faire cette recette, & peut-être toutes les autres, avec
une rétribution très-légère, ce qui réuniroit le triple avantage
de rapprocher le Payeur de l'Adjudicataire ; de fimplifier les
frais qui, réunis dans une feule main, pourroient être plus
modérés, & d'épargner des Colle&tes accablantes aux gens de

la

la Campagne qui, pendant leur durée, font obligés d'abandonner en partie la culture & le foin de leurs terres.

„ Par l'état des dépenfes rélatives aux travaux neufs, réparations & entretiens pour l'année 1788, il réfulte, fuivant les
devis des différens Ingénieurs de la Généralité, que la dépenfe
montera à la fomme de 849,097 livres 18 fols, divifée ainfi
qu'il fuit :

Pour les entretiens. . 289467 l. 18 f. 2 d. ⎫
Pour les réparations. 57216   9   ⎪
En continuation d'ou-   ⎬ 849097l. 18f.
vrages neufs .   .   . 398498   16   11   ⎪
P.' ouvrages nouveaux. 103914   13   11   ⎭

     Montant de l'Impofition .   .   . 850,044l. 16f. 6d.

     Somme reftante de l'Impofition   .   . 946 l. 18f. 6d.

„ En calculant d'après l'an dernier, on peut efpérer fur les
adjudications un bénéfice d'environ trente-cinq mille livres.

„ Les difpofitions renfermées dans les articles 12, 13, 14 &
15 de l'inftruction, nous ont paru très-bien ordonnées ; mais
nous avons cru devoir vous propofer d'y ajouter deux feules
claufes importantes : l'une, que tout particulier jugé capable
& folvable, ou fuffifamment cautionné, puiffe être admis à une
enchere, fans être muni du certificat de l'Ingénieur, ainfi qu'il
y étoit affujetti ; l'autre, que non feulement les Syndics des
Paroiffes de l'attelier, pour lequel fe fera l'adjudication, foient
tenus d'y affifter ; mais auffi les Commiffions de Diftrict, &
les Membres des Commiffions Intermédiaires Provinciales ou
Générale qui pourront s'y tranfporter.

                                                      K.

» Suivant les articles 19 & 20, les mandats d'acompte, au profit des Adjudicataires, ne doivent leur être délivrés que par la feule Commiffion Intermédiaire générale, & fur la connoiffance qu'elle aura par elle-même, ou par les Commiffions Intermédiaires provinciales de l'état & du progrès des travaux.

» Le Bureau a penfé qu'il feroit fage d'ajouter que les certificats des ouvrages, qui, pour leur paiement, doivent être fignés des Ingénieurs, fous-Ingénieurs, ou enfin, en leur abfence, par les Conducteurs ou Prépofés, ne puffent jamais l'être par ces derniers, mais vifés, dans tous les cas, par les Commiffions de Diftricts, adreffés par elles aux Commiffions Intermédiaires Provinciales, pour les faire parvenir enfuite à la Commiffion Intermédiaire Générale ; à moins que les lenteurs que cette marche graduelle apportera néceffairement, ne vous déterminent, Meffieurs, à autorifer les Commiffions de Diftricts des trois Provinces, à envoyer ces mandats d'acompte, vifés par elles, directement à la Commiffion intermédiaire Générale.

» Nous aurons l'honneur de vous faire obferver à cet égard, qu'il fe trouvera plufieurs Adjudicataires auxquels un retard de paiement portera un tel préjudice, que l'ouvrage en fera abandonné ; & vous favez, Meffieurs, que lorfque, faute de paiement, les ouvriers ont une fois quitté un attelier, il languit long-tems par les difficultés qu'ils font d'y revenir.

» Le Bureau n'a pu qu'applaudir à la fageffe, qui a dicté les formes prefcrites par l'inftruction, pour la réception des ouvrages, & qui font déjà en partie fuivies ; il vous propofera feulement, Meffieurs, d'ajouter qu'outre les Membres des Commiffions Intermédiaires provinciales, ou générale, & les Ingénieurs qui peuvent ou doivent y affifter, les Commiffions de Diftricts, & les Syndics des Paroiffes, dont les fonds auront

été appliqués à l'ouvrage, feront préfens à la réception, autant
pour affurer chez eux que l'argent levé a été véritablement employé à fon objet, qu'afin d'augmenter le nombre des fur-
veillans, & s'affurer par là d'autant plus de la bonne ou mauvaife qualité des ouvrages.

» Quant aux différens modeles imprimés & néceffaires au
détail de l'adminiftration des chemins, tels que ceux des affiches, adjudications, mandats d'acompte, &c., dont la forme,
envoyée par le Confeil, eft généralement établie dans le royaume ; nous les avons tous examinés avec foin, nous y avons reconnu, qu'aucune fage précaution n'y avoit été omife, qu'ils
n'étoient fufceptibles que de ces changemens légers & indifpenfables, qu'exige une adminiftration nouvelle, & nous nous
fommes contentés de les indiquer par écrit, fur ces divers imprimés.

» Le Bureau, Meffieurs, auroit bien défiré avoir l'honneur
de vous préfenter un corps de réglemens, formé des difpofitions énoncées dans les inftruétions, ainfi que des points effentiels qu'il croit devoir y être ajoutés ; mais ce long travail pouvant retarder la fin de vos opérations, & ne pouvant d'ailleurs
avoir d'objet pour 1788, il a cru pouvoir s'en difpenfer.

» Qu'il lui foit maintenant permis, Meffieurs, de vous foumettre une propofition, dont l'idée, jufte en foi, lui a paru mériter attention, & répondre aux vues d'une Affemblée auffi éclairée.

» Lorfqu'on ouvre une Route, non feulement l'ufage, mais
une loi autorife à indemnifer les particuliers des prés, bois, jar-
dins, vignes & maifons qui fe trouvent dans fa direétion ; il
y a même pour cet objet une fomme annuelle d'environ 41,000
livres. Ne feroit-il pas, Meffieurs, de votre juftice, de folliciter l'extenfion de cette loi, & de vous faire autorifer à dé-

dommager également , & fur une eftimation fagement , mais juftement modérée , tout propriétaire de terre labourable , fur le terrein duquel fe dirigeroit l'ouverture d'un grand chemin.

» Il y a telle de ces terres , qui par fa nature & fa fertilité eft auffi précieufe & a plus de valeur qu'un bois mal planté , ou qu'un pré élevé , fec & aride ; quel dommage réel n'éprouve pas un Agriculteur pauvre , lorfque le champ qui le nourrit , coupé par fa moitié , fe trouve expofé des deux côtés & dans toute fa longueur au pillage des vagabonds & des beftiaux ?

» N'eft-ce pas fur la claffe pauvre que vos yeux doivent plus particulièrement fe fixer ? & ne trouveriez vous pas injufte , que ce qui doit tourner à l'avantage général de la fociété , fût dans fon principe ou pût être le malheur & la ruine du propriétaire indigent ?

» Ces indemnités , Meffieurs , qui femblent , au premier coup-d'œil , devoir être confidérables , ne le feroient pas en effet autant qu'on l'imagine , puifque toutes les Routes principales font ouvertes dans la Généralité. Pourquoi négligérions-nous le peu de bien qui refte à faire dans cette partie , en ne follicitant pas des indemnités , pour les Routes publiques de communication intérieure qui reftent à ouvrir ? Un grand bien réfulteroit peut-être de cette augmentation de dépenfe plus apparente qu'effective. Les demandes fe feroient , & s'accorderoient avec plus de circonfpection , & l'utilité réelle de chaque Province feroit plus mûrement calculée.

» Une partie du revenant-bon des adjudications fur le montant des devis fuffiroit à ce dédommagement , & il nous a paru que cette manière d'employer ces fonds feroit auffi fage que celle que nous avons déja eu l'honneur de vous propofer dans la premiere partie de notre rapport.

„ Telles font, Meffieurs , les idées que le Bureau a cru devoir foumettre à vos lumières , & fur lefquelles vous voudrez bien délibérer. „

L'Affemblée ayant ouï la feconde partie du Rapport du Bureau, après avoir délibéré fur les différentes propofitions qu'elle renferme, a arrêté, fous le bon plaifir du Roi,

1.° Que les Conducteurs ou Prépofés aux travaux des grandes routes, feront brevetés par les Affemblées Provinciales, fur la préfentation des Ingénieurs & fous-Ingénieurs ; qu'ils feront deftituables par elles feules; mais que, en cas de mécontentement , les Ingénieurs ne pourroient que fufpendre leurs fonctions.

2.° Qu'il n'y aura que deux Conducteurs ou Piqueurs, par Département , quelqu'étendu qu'il foit, & un feul dans les plus circonfcrits. Qu'obligés d'avoir un cheval , leurs appointemens feront réglés à 900 livres par an , avec l'efpérance d'une gratification, proportionnée à leur intelligence & à leur activité.

3.° Que les adjudications des travaux neufs de grande Route, ne pourront excéder la fomme de 10,000 livres ; que le même Adjudicataire ne pourra avoir deux attéliers fur deux routes différentes, & que les marchés d'entretien, à paffer avec les Entrepreneurs , ne pourroient comprendre que l'efpace de 10 lieues de 2000 toifes au plus , à moins que dans tous les cas il ne fe préfentât des confidérations majeures & jugées telles par les Commiffions de Diftrict & les Ingénieurs.

4.° Qu'elle agréoit, & qu'elle ordonneroit l'effai d'entretiens. propofé par le Bureau, fous deux régimes différens, à établir fur la grande Route de pofte du Mans à la Fleche & de la Fleche à Angers.

5.º Que , frappée de l'avantage des roues à larges jantes , soit pour la facilité des transports , soit pour la conservation des Routes , elle chargeoit MM. les Procureurs-Syndics d'écrire à M. de la Milliere , Chef du Département des Ponts & Chauffées , pour lui faire part de la disposition où elle étoit d'adopter un Réglement général qui en prescrivît l'usage ; & en attendant sa publication , a arrêté qu'elle feroit connoître aux Voituriers de la Généralité , le tableau de tous leurs avantages constatés , en faisant imprimer & répandre les certificats envoyés par M. de la Milliere à M. de Montrocher.

6.º Que sur l'article 7 des Instructions de M. le Commissaire du Roi , Sa Majesté sera suppliée de fixer l'incertitude de l'Assemblée sur la compétence , soit de l'Assemblée Générale , soit des trois Assemblées Provinciales , à l'égard des Routes plus ou moins utiles , ou qui appartiennent plus particuliérement à chacune des trois Provinces , à raison de leur direction ; Sa Majesté étant dans tous les cas suppliée d'ordonner que les fonds , pour les chemins , levés sur chacune des trois Provinces , soient , hors des circonstances extraordinaires , employés dans l'étendue de leur territoire.

7.º Qu'il ne feroit fait aucun changement cette année sur la quotité de l'imposition des chemins , & que la forme de sa perception & de son versement subsisteroit , jusqu'à ce qu'il plût à Sa Majesté de la changer , en autorisant les Assemblées Provinciales à établir des Receveurs particuliers.

8.º Que , sous le bon plaisir du Roi , elle agréoit la disposition des travaux d'entretien & réparation de Routes , projettée pour l'année 1788.

9.º Que tout particulier , jugé capable & solvable , ou sufamment cautionné, feroit admis à une enchère de travaux publics, fans aucun certificat.

10.° Que non feulement les Syndics de Paroiffes, mais les Commiffions de Diftricts & les Membres des Commiffions Intermédiaires Générale ou Provinciales, qui pourront s'y tranfporter, affifteront aux adjudications & réceptions des ouvrages neufs de conftruction.

11.° Que les mandats d'acompte, qui, pour le paiement des Adjudicataires, doivent être fignés des Ingénieurs ou fous-Ingénieurs, & en leur abfence par les Conducteurs, ainfi que le porte l'article 20 de l'Inftruction de M. le Commiffaire du Roi, ne puiffent, fous le bon plaifir de Sa Majefté, l'être jamais par ces derniers, mais, dans tous les cas, vifés par les Commiffions de Diftrict, envoyés par elles aux Commiffions Intermédiaires Provinciales, qui les feront paffer à la Commiffion Intermédiaire Générale.

12.° Que la juftice d'un dédommagement modéré, à tout particulier, fur le terrein duquel s'ouvriroit une Route, lui paroiffant évidente, elle auroit foin d'y pourvoir, pour celles qui feroient marquées & ouvertes, à compter du jour où commencera fon Adminiftration en cette partie.

TROISIÈME PARTIE du Rapport du Bureau des Chemins & Travaux publics.

MESSIEURS,

„ Indépendamment de l'impofition repréfentative de la Corvée, il y a, dans chaque Généralité, des fonds appliqués aux ouvrages d'art des Routes, & connus fous le nom de fonds

Ponts & Chauffées.

des Ponts & Chauffées ; ils font perçus fur toute la Généralité , & font partie des acceffoires de la Taille. Avant l'Arrêt du 6 Novembre 1786 , ils étoient verfés au Tréfor royal , & répartis , dans les différentes Généralités , plutôt à raifon des befoins locaux , que de leur impofition. Ainfi la Généralité de Tours qui paye pour cet objet 221,349 l. 18 f. 5 d. , avoit , jufqu'à cette époque , à employer pour les ouvrages d'art une fomme déterminée par l'Intendant des Ponts & Chauffées , fans égard à fes impofitions. Le 1.er article de l'Arrêt du Confeil du 6 Novembre 1786 , ordonne que ces fonds feront , à compter du 1.er Janvier 1787 , remis à la difpofition des Srs. Intendans & Commiffaires départis , pour être employés à leur deftination , d'après les états du Roi , dans la forme ordinaire. En conféquence de cette difpofition , ces fonds au lieu d'être portés directement au Tréfor Royal , reftent dans les mains des Receveurs Généraux , & font acquittés par leurs Caiffiers , de manière que le montant de l'impofition fera déformais employé en entier dans la Généralité. C'eft donc la fomme de 221,349 livres 18 fols 5 den. d'impofition , qui avec celle de 3150 livres , du bail du Péage des Ponts de Cée , forme celle de 224,499 livres 18 fols 5 den. , & fera chaque année à votre difpofition , pour les ouvrages d'arts , ordonnés tous les ans par le Confeil , & qui ne le feront dorénavant , que d'après l'avant-projet qui vous fera préfenté , ou à votre Commiffion Intermédiaire , par l'Ingénieur en chef avant le 15 Décembre de chaque année , & adreffé par elle , avant le 15 Janvier à M. le Contrôleur Général , felon les Inftructions de M. le Commiffaire du Roi. L'Ingénieur en chef doit en même-tems , & à ia même époque , vous remettre l'état des ouvrages d'arts , faits dans le courant de l'année. C'eft fur les mêmes fonds que fe prennent les appointemens des Ingénieurs , & de tous leurs

prépofés ,

prépofés , les gratifications & autres frais, qui tous s'acquittent du 1.er Avril d'une année à pareille époque de la fuivante ; ces frais ordinaires font :

* Les appointemens de l'Ingénieur en chef. 2202 l. „ „

D'un Infpecteur. . . . . 1800 „ „

De fix fous-Ingénieurs , à raifon de 1500 l.
chacun. . . . . 9000 „ „

Du premier Commis de l'Ingénieur en chef. 1200 „ „

De deux Deffinateurs , à raifon de 720 l. ch. 1440 „ „

De deux Géographes, dont un feul employé
toute l'année, & l'autre environ 9 mois ,
à raifon de 70 livres par mois. . . . . 1470 „ „

De treize Chefs de conduite , à raifon de
900 liv. chacun. . . . . 11700 „ „

TOTAL . . . . 28812 „ „

„ Les gratifications qui s'accordent chaque année à l'Ingénieur en chef, aux fous-Ingénieurs , aux Chefs de conduite & autres, montent, année commune, à la fomme de 9000 livres , ce qui fait la fomme de 37812 livres à employer tous les ans en ap-

---

* Les appointemens de l'Ingénieur en Chef font de 2400 liv. ; mais on retient fur cette fomme celle de 198 livres , ce qui fait qu'il n'a d'appointements réels que 2202 livres.

L

pointemens ou gratifications fur les fonds des Ponts & Chauffées ; on paye en outre & féparément les frais de tournée de
l'Infpecteur général , les levées de plans , nivellemens , fondes , recherche de matériaux , frais de Piqueurs extraordinaires , & tous autres frais imprévus , article toujours varia-
ble , & qui ne peut être connu qu'à la fin d'une année ,
d'après les états fournis , par trimeftre , par chaque Ingénieur à
l'Ingénieur en chef. »

L'Affemblée a loué & approuvé le préfent Rapport , & a
ordonné qu'il feroit inféré dans le Procès-verbal.

Projets fur la na-
vigation du Loir
& de l'Indre.
» Nous devons vous entretenir , Meffieurs , de quelques projets fur la navigation intérieure de la Généralité. Cette voie ,
moins difpendieufe & plus facile d'exportation , peut feule rendre
au Commerce la fplendeur qu'il devroit avoir dans trois Provinces , fi heureufement fituées ; foit relativement à la Capi-
tale & aux Villes principales du Royaume , foit à caufe du
grand nombre de Rivières, qui les arrofent & les coupent ,
en aboutiffant toutes à un fleuve qui peut également faire
refluer leurs productions & denrées , dans l'intérieur du Royaume , ou les porter fous un autre hémifphère. Ces travaux
utiles étoient réfervés à votre Adminiftration bienfaifante.
Pour les préparer , nous allons vous rendre compte de deux
projets , dont l'un tend à perfectionner la navigation du Loir ,
& l'autre à établir celle de l'Indre. Nous avons le regret de ne
pouvoir pas vous parler de celle de la Sarte , fur laquelle
on nous avoit annoncé un Mémoire , qui ne nous eft pas par-
venu.

» La rivière du Loir qui, après fa réunion à la Sarte & la Mayen-
ne , fe jette avec elles dans la Loire , pourroit faciliter , par cette

pofition, un commerce confidérable ; à cet avantage, elle réunit celui d'être navigable en tout tems, & dans les plus grandes féchereffes ; mais la forme des éclufes met un obfta- cle à l'étendue de cette navigation, elle en augmente les dif- ficultés, & même les dangers; il en réfulte encore d'autres inconvéniens : à quelque diftance de la chûte de ces éclufes, des fables s'amoncelent, il s'éleve des attériffemens qui gênent, & quelquefois même interceptent la navigation ; dans ce der- nier cas, on les fait enlever ; c'eft une dépenfe à la charge des Marchands qui fréquentent la rivière; pour s'y fouftraire, ou du moins pour qu'elle foit, & plus petite, & plus rare, ils ont, de notoriété publique, fait élever progreffivement les Chauf- fées qui fervent aux éclufes, de maniere, qu'ayant ainfi exhauffé le fol de l'eau, ils ont rencontré moins d'obftacles dans leur navigation ; mais fi elle a gagné par cette manœu- vre, les Riverains ont confidérablement fouffert de cet ex- hauffement. Leurs propriétés ont été expofées à des inondations plus fréquentes & plus longues ; grand nombre de prairies font même habituellement noyées ; de façon que les foins qu'elles produifent, ou font entiérement perdus, ou font de mauvaife qualité, & ne peuvent fervir communément que pour litiere. On eftime cette perte, année commune, à environ 100,000 livres. Les plaintes fe font multipliées : pour y faire droit, on ordonna, il y a longues années, un nivellement; en conféquence, il fut placé dans le tems une fleur de lys fur le principal pieu de l'éclufe, à une hauteur déterminée; dès que l'eau y étoit parvenue, le Meûnier devoit, fous peine d'a- mende, ouvrir l'éclufe. L'expérience a démontré l'infuffifance du remede : d'ailleurs les fleurs de lys ont difparu, & les per- tes ont continué. Sur de nouvelles plaintes au Confeil, on a envoyé fur les lieux M. le Boucher, Chevalier de l'ordre du

Roi, Ingénieur des turcies & levées. Il a parcouru la riviere, il a vu les bateaux qui la fréquentent. Depuis ce travail, il eft mort. On ignore s'il avoit fait fon rapport au Confeil ; ce qu'on fait de pofitif, & ce qu'il a fouvent répété dans fa tournée, c'eft que le feul moyen efficace, pour prévenir tous les dommages dont on fe plaint, étoit ; 1°. De changer la forme des éclufes, & d'en fubftituer de pareilles à celles du Canal d'Orléans ; 2.° De profcrire les grands havriers, efpeces de grands bateaux qui portent de 100 à 150 tonneaux, quelques-uns même au-delà ; ces bateaux prennent près de 5 pieds d'eau ; ils exigent pour leur conftruction des bois d'une très-belle efpece, qui feroient employés plus utilement pour l'État, dans les chantiers de la marine ; il faut pour le fervice de ces bateaux un grand nombre d'hommes, leur chargement eft long, ce retard eft toujours préjudiciable, & quelque fois mortel au commerce ; M. le Boucher propofoit de les remplacer par des bateaux plus petits, tels que ceux qui naviguent fur la Loire, & qui font connus dans le canton fous le nom de Hennequins ; deux hommes fuffifent pour les conduire, ils fe chargent promptement, vont rapidement, & prennent peu d'eau, au moyen de quoi on pourroit baiffer la riviere ; cette opération donneroit de la facilité, de l'extenfion au commerce ; elle rendroit à l'Agriculture des milliers d'arpens de terre, & fur tout de Prairies, dont le produit eft aujourd'hui prefque nul.

» On ne peut fe diffimuler que la dépenfe occafionnée par ce changement feroit confidérable. M. le Boucher, après avoir pris connoiffance de la valeur des matériaux fur les lieux, ainfi que de la main-d'œuvre, évaluoit la conftruction de chaque éclufe, de 8 à 10,000 livres.

» Mais quelque difpendieufe que fut l'exécution de ce projet,

ſon utilité doit l'emporter ; quelques détails vont le démontrer.
Les vins de Mareil, de Pringé, dont la qualité ſoutient parfaitement les voitures de toute eſpece, ceux de Château-du-Loir
s'exporteroient plus facilement ; l'enlevement annoncé des barrie-
res qui ferment la Bretagne, leur aſſureroit un débouché, pour cette
Province & même pour l'Etranger ; car aujourd'hui, quoique cette
derniere exportation ſoit permiſe de droit, elle eſt effeĉtivement
anéantie, par les entraves qu'on y a miſes, le commerce ne pouvant·
exiſter ſans liberté ; les bois de la forêt de Berſay, qui ſont de la plus
belle qualité, & qui appartiennent à Monſieur, Frere du Roi, ceux
de Montmirail & autres, ſitués ſur le Loir, ſe rendroient à peu
de frais, par cette nouvelle voie à Angers, Nantes &c. Joi-
gnez à ces avantages le produit immenſe des fonds rendus à
la culture.

„ Vous jugerez ſans doute, Meſſieurs, que cet objet ſi important pour les Provinces d'Anjou & du Maine, eſt digne
de fixer vos premiers regards. Nous avons donc l'honneur de
vous propoſer de charger votre Commiſſion Intermédiaire
de raſſembler tout ce qui ſera néceſſaire pour vous mettre en
état de décider de l'utilité de ce travail, d'en bien connoître tous les détails & les frais, ce qui lui ſera d'autant plus facile, qu'ayant communiqué notre rapport à M. de Marie,
Ingénieur des Turcies & Levées, aux talents & au zèle
duquel nous ſaiſiſſons avec empreſſement l'occaſion de
rendre hommage, il nous a promis de viſiter la riviere
du Loir, dans le courant de l'année prochaine. En ordonnant
enſuite un ouvrage auſſi intéreſſant, & pour le Commerce
& pour l'Agriculture, vous aurez le bonheur d'atteindre en
même-tems, & par une ſeule délibération, deux buts principaux de votre paternelle adminiſtration.

„ Dans le nombre des grands projets , dont l'exécution peut
être utile , non-feulement à la Touraine, mais au Berry , &
aux Provinces , que la Loire traverfe , jufqu'à fon embouchure ,
la navigation de l'Indre doit tenir le premier rang ; le projet
de la rendre navigable fut connu dès le tems du miniftere de
M. le Duc , qui poffédoit en propriété le Domaine de Châteauroux , faifant partie de ceux de fa maifon ; on fentit l'utilité d'une riviere navigable , qui porteroit jufqu'à la Loire , des
fers , des chanvres , des bois de conftruction pour la marine ,
des laines & des grains de toute efpece ; ce qui donneroit
en même-tems un débouché très-utile à la Province du Berry.

» Le Roi ayant acheté le Domaine de Châteauroux, on re-
prit le projet de la navigation de l'Indre , mais fans y donner
beaucoup de fuite.

„ Le Domaine de Châteauroux étant forti des mains du Roi
pendant quelques années , les Ingénieurs furent chargés de
lever les plans néceffaires pour exécuter le Canal de l'Indre ,
& faciliter le débouché des fers , que l'Indre auroit portés jufqu'à la Loire.

» Le Duché de Châteauroux rentra dans l'Adminiftration des
Domaines du Roi.

» M. le Boucher, Infpecteur des Ponts & Chauffées , eut ordre
de continuer le travail du Canal , d'en calculer les frais , & d'en
faire le devis , qui s'eleva à une fomme de deux millions. Ce
Canal devoit avoir à peu près vingt-cinq lieues de longueur ,
depuis la Ville de Châteauroux , jufqu'à l'embouchure de l'Indre dans le Cher. Ces deux millions , dont le Berry pourroit

aujourd'hui supporter une partie, effrayerent le Gouvernement, à différentes époques, où les Ministres commençoient à reconnoître que les ressources de la finance devoient être plus menagées, dans des tems où les dépenses nécessaires de la guerre obligerent de diminuer les fonds destinés jusqu'alors aux Ponts & Chaussées. Les Canaux passerent dans un autre Département, & celui de l'Indre fut encore oublié.

» Le Duché de Châteauroux, faisant partie de l'Appanage de Monseigneur le Comte D'ARTOIS, son Conseil ne saisit pas tout l'avantage que l'administration qui lui étoit confiée, pouvoit retirer de l'exécution du Canal de l'Indre, qui, indépendamment de l'accroissement du revenu du Prince, pouvoit procurer aux peuples de la Province un soulagement & un bien-être réel.

» Lorsque le Ministere, pour vivifier la Province du Berry, a pris des mesures, qui dès-lors furent le présage de l'époque heureuse qui devoit nous rassembler un jour, si on eût présenté à ses nouveaux Administrateurs le plan du Canal de l'Indre, il eût pu avoir la préférence sur d'autres Canaux, dont cette Province paroît s'occuper avec plus d'intérêt.

» On a vu dans un des Mémoires présentés à l'Assemblée Provinciale du Berry, que la riviere d'Indre étoit hérissée de rochers qui rendoient sa navigation difficile; on ne voit pas sur quoi peut être fondée cette assertion, la riviere d'Indre étant bordée de prairies depuis Châteauroux jusqu'au Cher; elle fait tourner, dans cet espace, un grand nombre de moulins, dont les Meûniers soutiennent les eaux sans égard aux Réglemens: ce qui donne lieu à des inondations très-fréquentes, non-seulement dans le tems des grandes eaux de l'hyver, mais encore par des crues en été, & quelque fois à la veille de la récolte des foins. Ces inondations altérent la qualité de l'herbe en hyver, & enfablent ou enterrent les herbes en été, & cela dans une efpace de 25 lieues. Il paroît que la grande quantité de moulins qu'on fe croyoit obligé de détruire, & dont il falloit dédommager les Propriétaires, a effrayé même les Ingénieurs.

„ Pour éviter ces inconvéniens, M. le Boucher, qui a travaillé ce projet en dernier lieu, a penfé qu'il étoit plus à propos de tracer un canal, au pied des côteaux qui font fur la rive gauche de l'Indre; & comme elle reçoit beaucoup de ruiffeaux de ce côté, il a jugé qu'ils fuffiroient pour alimenter fon canal, qui, dans des tems de féchereffe, pourroit auffi recevoir en abondance des eaux tirées de la riviere.

„ M. de Marie, Ingénieur en chef des Turcies & Levées, fe procurera ces plans & ces devis, & les remettra à votre Commiffion Intermédiaire.

„ Quand on a vu la Province du Berry tourner fes vues vers d'autres travaux, & que l'expérience a fait connoître la difficulté d'opérer le bien, on a dû renoncer à préfenter un projet, deftiné à éprouver toujours des obftacles. Un Particulier de la Ville de Beaulieu ayant acheté, il y a quelques années, des bois dépendans de l'Abbaye de Villeloing, diftans de deux ou trois lieues de la riviere, a imaginé de les faire conduire à dos de mulets, jufqu'au moulin du Village de S. Germain; il les a embarqués dans de petits bateaux jufqu'au moulin de S. Jean. Il débarquoit fes bois, & les rembarquoit de l'autre côté du moulin, pour les conduire jufqu'à celui de Perruffon.

Là,

Là, il faisoit la même manœuvre, & rembarquoit ses bois
pour les débarquer près du moulin de la Ville de Beaulieu,
séparée de la Ville de Loches, par la riviere & la prairie de
l'Indre. Il débitoit ses bois dans la Ville de Beaulieu, & il
paroît que, malgré les inconvéniens de ces fréquens portages,
il ne s'est pas mal trouvé de sa spéculation.

» Excité par cet exemple, le Sr. Desplaces a imaginé de faire
descendre des bois depuis le moulin de Saint-Jean jusqu'au
moulin de Perrusson, où il feroit pratiquer un petit canal pour
tourner avec ses bateaux ledit moulin, & rentrer au-dessous
dans le lit de la rivière, & conduire son bois sans obstacle,
jusqu'à la Ville de Loches.

» Il en a fait part à M. le Marquis de Verneuil, qui a ac-
cueilli ce projet avec d'autant plus d'ardeur, qu'il a pensé qu'un
essai de navigation de ce genre pouvoit servir de modele, pour
la prolonger au moins jusqu'à la petite Ville de Cormery, qui
n'est qu'à quatre lieues de Tours, & trois du Cher, & où les
Marchands de Tours pourroient venir chercher des bois
qu'ils transporteroient en cette Ville, à peu de frais, à cause
de la beauté & facilité du chemin, & en feroient baisser le
prix, pour l'usage & la consommation de Tours. Il a jugé encore que si les canaux pratiqués, pour faire tourner les moulins,
étoient d'un usage facile & peu dispendieux, on pourroit,
au lieu d'arrêter la navigation à Cormery, la prolonger par
Montbazon, jusqu'au Cher.

» M. le Marquis de Verneuil a adressé, l'année passée, à M. le
Contrôleur-Général le Mémoire contenant la demande du Sr.
Desplaces ; ce Ministre l'a renvoyé à M. l'Intendant, pour avoir

M

fon avis ; celui-ci l'a fait paſſer à M. de Marie, qui a envoyé
fur le terrein, des Ingénieurs, leſquels en ont levé les plans, ainſi
que du cours de la rivière, juſqu'à la Ville de Loches. Leur
rapport s'étant trouvé favorable à l'exécution de leur plan, M. de
Marie a fait ſon travail dans le plus grand détail, & l'a renvoyé à
M. l'Intendant, avec ſon avis ; l'on a fait paſſer les plans au Conſeil,
& à l'adminiſtration des Ponts & Chauſſées ; le projet a été admis, & l'examen, que le Conſeil en a fait faire, l'a mis dans
le cas de juger qu'on pouvoit en diminuer beaucoup les frais.

» Nous ne vous propoſerons pas, Meſſieurs, de rien ſtatuer encore de définitif ſur un objet auſſi important, mais ſeulement de
charger votre Commiſſion Intermédiaire de ſe procurer les différens plans, qui ont été faits par M. le Boucher, de vous en
rendre compte, à votre prochaine réunion, pour vous mettre
dans le cas de comparer lequel des deux moyens ſera d'une
exécution plus facile, plus prompte & moins diſpendieuſe. »

Analyſe ſur dif-
fé-ents Mémoires
& Requêtes.

» Nous allons terminer notre rapport en vous rendant compte
des différens Mémoires qui vous ont été adreſſés, & que vous
avez renvoyés à l'examen du Bureau,

Chemin de
Sablé.

» Le premier eſt au nom des Habitants de la Ville de Sablé,
& ſigné des principaux d'entr'eux. Ils vous repréſentent que l'ouverture d'un nouveau chemin ordonné par le Conſeil pour
conduire de Sillé à Angers, en paſſant par Sablé, s'eſt faite
d'une manière onéreuſe pour quelques Propriétaires, & qu'il
exiſte un ancien chemin le long des murs du parc du Château de Sablé, aſſez large, qu'il eût été très-facile de
redreſſer, & élargir dans la proportion fixée pour la nouvelle
route ; ils ſe plaignent en même-tems que les piquets de cette

nouvelle direction ont été placés après les femences, ce qui a caufé beaucoup de dommages.

» Nous vous ferons obferver fur cette Requête qu'elle regarde des objets relatifs à l'ancienne adminiftration, fur laquelle vous n'avez aucune infpection : Que cette route a été ordonnée par le Confeil, & que les piquets ont dû être plantés l'année derniere, avant les femences. M. de Montrocher, à qui nous avons communiqué cette Requête, a ordonné aux Sous-Ingénieurs de ce Département de fufpendre, par provifion, tous les ouvrages, fur cette partie de route, & il fera rendu à votre Commiffion Intermédiaire un compte exact, foit des dommages qu'auront effectivement fouffert les Habitans de Sablé, foit des motifs qui pourroient faire adopter la nouvelle direction qu'ils propofent.

» Le fecond Mémoire follicite l'ouverture d'une route en ligne directe de la Ville de Montoire, dans le Bas-Vendomois, à celle de Tours, par la Ferriere. Cette route donneroit, dit-on, une grande facilité pour le tranfport des étoffes de laine fabriquées dans les Villes & Bourgs de Montoire, Mondoubleau, Saint-Calais, Troo & Beffé, qui en font des envois, deux fois la femaine, au Bureau du Commerce de cette Ville ; on préfente auffi la même route comme très-intéreffante pour le tranfport des bois des forêts de la Ferriere, Labroffe & Beaumont.

Route de Montoire.

» D'après l'état que le Bureau vous a précédemment donné de toutes les routes entreprifes dans la Généralité, & du tems néceffaire, pour les perfectionner, nous ne croyons pas que vous vous déterminiez à en entreprendre de nouvelles, à moins que leur abfolue néceffité ne vous foit démontrée. Quelqu'utile

M ij

qu'on fuppofe la communication directe de Montoire à **Tours**, elle n'eft pas d'une néceffité affez évidente, pour reculer encore la perfection des autres routes. L'exportation des marchandifes & des denrées de Montoire, & le tranfport des bois des forêts circonvoifines feront très-faciles par la communication déjà établie de Tours à la Chartre, & par celle projettée de la Chartre à Montoire, par Artins; la communication fera même abfolument directe pour Beffé & Saint Calais, au moyen de la partie de route ouverte, l'année derniere, faifant fuite de celle de Tours à la Chartre, qui fe prolonge jufqu'en Normandie, & paffe par Beffé, Saint-Calais, Vibraye, &c.

„ La Ville même de Mondoubleau en profitera, étant fituée à peu de diftance de cette route.

Requête du fieur Herault.

„ Le troifième Mémoire eft une Requête du fieur Victor-François Hérault-Flamand, Bourgeois de Tours, qui réclame des dédommagemens pour une partie confidérable de vignes & de bâtimens qu'il a perdus, lors de l'ouverture de la route de Tours à Vendôme. Nous vous prions d'obferver que les faits dont il fe plaint font relatifs à l'ancienne Adminiftration. »

L'Affemblée a approuvé les vues du Bureau fur la navigation du Loir & de l'Indre, & a renvoyé l'examen de ces projets à fa Commiffion Intermédiaire, pour prendre tous les renfeignemens néceffaires & éclairciffemens relatifs à ces objets, afin de lui en rendre compte, & la mettre dans le cas de prendre un parti lors de fa premiere réunion; elle a adopté les conclufions du Bureau fur les routes de Sablé & de Montoire; a renvoyé le fieur Herault à fe pourvoir par-devant

M. l'Intendant ; attendu que les faits énoncés en fa Requête
font relatifs à l'ancienne Adminiſtration.

Un de Meſſieurs a demandé, pour le ſieur Deſplaces, l'a-
grément de l'Aſſemblée, afin qu'il ſoit autoriſé à eſſayer la poſſi-
bilité de la navigation de l'Indre, en ajoutant qu'il avoit déjà
eu l'agrément du Gouvernement, ſur cet objet.

L'Aſſemblée a répondu qu'elle ne pouvoit que louer un projet
qui a pour but l'utilité publique, & a applaudi au zele & aux travaux du ſieur Deſplaces.

M. le Préſident a remis la prochaine Séance, à ce jour,
cinq heures du ſoir.

FAIT & arrêté leſdits jour & an.

Signé ,

† FRANÇOIS, *Archevêque de Tours, Préſident.*

MORISSON, *Greffier.*

XIV.

LE vingt-ſept Novembre, mil ſept cent quatre-vingt-ſept,
cinq heures du ſoir, l'Aſſemblée réunie, il a été fait lecture
du Procès-verbal de la Séance précédente.

Il a également été fait lecture, 1°. d'une Lettre de MM.
les Procureurs-Syndics du Maine, qui annoncent l'envoi des

Procès-verbaux de leur Affemblée, pour chacun des Membres de l'Affemblée Générale.

2°. D'une Lettre & Mémoire, qui expofent les avantages qu'il y auroit à achever la route de Laval à Caen, par Domfront & Harcourt.

Il a été arrêté, fur le premier objet, que MM. les Procureurs-Syndics de l'Affemblée feroient chargés de répondre à ceux de l'Affemblée Provinciale du Maine.

Sur le fecond, que les Lettre & Mémoire feront remis à MM. les Procureurs-Syndics, qui en communiqueront avec MM. de la Commiffion Intermédiaire du Maine, pour fe concerter avec eux fur ce qui fera le plus convenable.

MM. de la Commiffion Intermédiaire, ayant continué le rapport des matieres qui lui avoient été indiquées par l'Affemblée Préliminaire, M. l'Abbé de Boisdeffre a fait le détail des charges communes aux trois Provinces, & celui des frais de perception & de recouvrement de leurs contributions, & a préfenté un tableau des Impofitions de la Généralité, qu'il a dreffé d'après le Brévet général de 1788.

L'Affemblée a témoigné fa fatisfaction à M. l'Abbé de Boisdeffre, & a arrêté que fon rapport & le tableau par lui préfenté, feront dépofés aux Archives, & a chargé MM. les Procureurs-Syndics d'envoyer une copie du tableau à chacune des Commiffions Intermédiaires des Affemblées Provinciales des trois Provinces de la Généralité.

Il a été fait lecture à l'Assemblée d'un Mémoire rédigé par
M. l'Abbé des Fontaines, sur l'Imposition & le régime de la
Gabelle, dont la forme est plus onéreuse, dans les trois Provinces de cette Généralité, que dans toutes les autres Provinces
du Royaume. Il a été reconnu que, s'il étoit possible de changer cette forme, les Peuples de la Généralité en retireroient
les plus grands avantages. Le Mémoire a paru présenter les
vues les plus sages, & la question y être approfondie dans
toute son étendue. L'Assemblée néanmoins reconnoissant qu'elle
ne pouvoit, sans un plus ample examen, adopter les moyens
proposésdans ce Mémoire, a resolu, après avoir entendus les Procureurs - Syndics, qu'il seroit envoyé à sa Commission Intermédiaire, afin qu'après avoir reçu les notes & projets que tous
les Membres de l'Assemblée pourront leur adresser, dans le courant du mois prochain, elle puisse y ajoûter ce qu'elle jugera
convenable. L'Assemblée a desiré que ce Mémoire fût ensuite
présenté par Mgr. l'Archevêque, aux Ministres de Sa Majesté, pour, avec leur agrément, être imprimé & adressé
à MM. les Procureurs - Syndics de cette Généralité, & autres Procureurs- Syndics des différentes Provinces du Royaume, lesquels seront invités à faire part de leurs observations
sur les moyens de supprimer tous vestiges de la Gabelle, sans
que le trésor public en éprouve aucune perte, & dans la forme
la moins onéreuse pour les Peuples.

L'Assemblée a encore entendu la lecture d'un autre Mémoire
sur le même objet, dont elle a loué les vues, & a ordonné
qu'il seroit pareillement remis à sa Commission intermédiaire.

La prochaine Séance a été remise à demain 28, dix heures
du matin.

FAIT & arrêté lefdits jour & an.

Signé,

† FRANÇOIS , *Archevêque de Tours , Préfident.*

MORISSON , *Greffier.*

X V.

LE vingt-huit Novembre, mil fept cent quatre - vingt - fept , l'Affemblée réunie , il a été fait lecture du Procès - verbal de la Séance d'hier ; MM. du Bureau de l'Impôt ont fait le rapport qui fuit :

MESSIEURS,

Rapport du Bureau de l'Impôt.

» LE Bureau, que vous avez chargé du travail des Impofitions , n'ayant pu fe procurer tous les renfeignemens néceffaires , n'aura l'honneur de vous préfenter que des idées trèsgénérales , mais dont l'application pourra peut - être fe faire avec fuccès, par les Commiffions intermédiaires , par celles des Diftricts , & par les Municipalités des Paroiffes ;

» Nous avons crû néceffaire de divifer , en deux parties ; le compte que nous avons l'honneur de vous rendre ; la premiere traitera de l'origine & du régime actuel de l'Impofition ; la feconde vous offrira plufieurs obfervations fur les inconvéniens qui en réfultent , & vous indiquera quelques moyens d'y remédier.

La

„ La carriere de l'Impofition eft immenfe à parcourir, Meffieurs ;
ce n'eft que par les travaux les plus longs & les plus affidus,
qu'on peut fe flatter d'acquérir des connoiffances précifes fur
cet objet ; & fi l'amour du bien public, le defir de mériter
votre eftime & de répondre à votre confiance, n'euffent animé
tous les Membres qui compofent le Bureau, rébutés par l'a-
ridité & la difficulté du travail, ils n'auroient même pas effayé
de vous préfenter cette efquiffe, fans doute imparfaite, mais
qui doit vous être un fûr garant des fentimens dont ils font
pénétrés.

„ Le premier objet, dont auroit dû s'occuper le Bureau, eût
été de mettre fous vos yeux, Meffieurs, le Tableau détaillé de
toutes les Impofitions, tant foncières que perfonnelles, que
le Roi fait percevoir actuellement dans la Généralité ; il y auroit joint celui de tous les frais de régie ou de perception ;
il vous auroit fait connoître, en même temps, l'emploi d'une
grande partie des fommes perçues, foit pour les travaux publics des trois Provinces, foit pour les établiffemens d'utilité
commune, foit enfin pour les gratifications, les indemnités
& fecours en tout genre, qu'il plaît au Roi d'accorder aux
Habitans pauvres de cette Généralité. Mais la Commiffion Intermédiaire s'étant occupée de ces différens objets, elle vous
en a rendu compte d'après l'utile & intéreffant travail qu'elle
avoit chargé M. l'Abbé de Boisdeffre de rédiger. Vous
avez déjà connoiffance de ce travail, Meffieurs ; vous avez
ordonné qu'il feroit examiné, & le Bureau de l'Impôt, ne
pouvant qu'applaudir au zèle & aux lumières de M. l'Abbé
de Boisdeffre, a reconnu l'exactitude la plus parfaite dans les
différens Tableaux qu'il vous a préfentés. Nous nous bornerons
donc à vous parler, Meffieurs, de la forme actuelle, de l'affiette

N

& perception des Impofitions, des inconvéniens qu'elle entraîne, & des moyens qu'on propofe pour y remédier.

„ Les premiers tems de la Monarchie ne nous offrent fur cet
objet que des notions obfcures & imparfaites. Les monumens,
qui nous reftent de ces tems antiques, ont fait éclore des fyf-
têmes entiérement oppofés. Nous n'entrerons point dans le détail
des différens fubfides, établis par nos Rois. Pendant long-tems
ils ne furent que paffagers; le befoin ceffant, les Impofitions
ceffoient en même-tems, & nos Souverains fe contentoient
alors, pour leur entretien perfonnel, du revenu de leurs Domaines fonciers, qui par une Loi, à la vérité très-ancienne,
mais peut-être inutile aujourd'hui, font inaliénablement attachés
à la Couronne.

„ La politique extérieure ayant commencé à s'étendre fous
Charles VII, en même temps que le monftrueux fyftême de
la féodalité commençoit à diminuer, ce Prince fentit la néceffité de former un corps toujours fubfiftant de Troupes reglées, & affigna pour fon entretien la Taille, qu'il rendit ordinaire & annuelle, & qui, pendant fon regne, n'exceda jamais la fomme de 2,000,000 liv. Sous les Rois, fes Succef-
feurs, les Impôts, s'étant accrus fucceffivement, font enfin parvenus au point où nous les voyons aujourd'hui. Ils fe divifent
en plufieurs claffes : les uns portent fur les fonds de terre ; les
autres fur les rentes; ceux-ci fur le commerce & l'induftrie;
ceux-là fur les fruits & les confommations.

„ Les Impôts, dont le Bureau s'eft particuliérement occupé,
font ou perfonnels, ou réels, ou mixtes; les perfonnels font
ceux qui affectent les perfonnes proprement dites; les reels font

ceux qui portent fur les fonds de terre ou les revenus ; les mixtes font à la fois perfonnels & réels.

„ Tous les Impôts renfermés dans ces trois claffes , font : 1.° la Taille & Impofitions acceffoires. 2°. La Capitation. 3.° Les Vingtièmes.

„ La Capitation purement perfonnelle , eft un Impôt vicieux dans fon principe. On tâche de corriger ce défaut par la ré-partition. Toutes les fois qu'on ne peut y parvenir, fa diftri-bution eft fouverainement injufte.

„ Dans les Pays d'Election , tels que cette Généralité , la Taille eft confidérée comme un Impôt perfonnel ; mais elle fe repartit fur le pied & à proportion des biens , facultés & in-duftrie, ce qui la rend mixte, c'eft - à - dire moitié réelle, moitié perfonnelle. Le Bureau croit néceffaire de vous faire connoître ici, MM. , la maniere d'impofer & de repartir les Impofitions dont il vient de faire mention.

TAILLE ET ACCESSOIRES.

„ Tous les ans il s'arrête au Confeil, vers le mois de Fé-vrier , un état , ou brévet , des fommes à impofer pour l'année fuivante.

„ Cet état contient par Généralité le détail de celles que cha-cune doit fupporter ; il eft figné par le Roi ; & il s'en fait, pour chaque Généralité , deux extraits qui font expédiés par le Se-crétaire d'Etat, & envoyés , en Juin ou Juillet, l'un à l'In-tendant , & l'autre aux Officiers du Bureau des Finances, afin qu'ils donnent leur avis fur la répartition de la fomme

totale, entre chacune des Elections, dont la Généralité est
composée ; d'après leur avis, on expédie des Lettres-Patentes,
en forme de commission, pour imposer dans chaque Election
les sommes portées par le brévet. Ces commissions sont adres-
sées aux Intendans, aux Tréforiers de France, & aux Elus,
dans chaque Election. Les Intendans font ensuite ce qu'on appelle le Département, qui confiste à établir la répartition entre les Paroisses de chaque Election. Ce travail se fait de
concert avec les Officiers de ces Tribunaux ; on y forme des
Tableaux exacts & détaillés de tout ce qui a rapport aux Paroisses d'une même Election. Ils font lus en plein Département,
& après la répartition de la Taille, ils font fignés par l'Intendant, le Tréforier de France, Commiffaire pour la Taille,
les Officiers des Elections, les Subdélégués, les Receveurs des
Tailles, & enfin tous ceux qui affiftent au Département. Les
fommes auxquelles chaque Paroisse est imposée, doivent être
remplies en toutes Lettres ; ensuite on expédie des Mandemens
pour chaque Paroisse ; ils font imprimés fur papier marqué,
& intitulés des noms de l'Intendant, du Tréforier de France, Commiffaire pour la Taille, & des Officiers de l'Election.
Ils font adressés aux Maires, Echevins, Syndics, Marguillers
& Habitans de chaque Paroisse, & à la tête font écrits, en
marge, les noms des Collecteurs pour l'année.

„ Le Greffier de chaque Election remet ce Mandement au
Receveur des Tailles, & celui-ci le fait passer aux Collecteurs, qui en donnent un reçu.

„ Il faut encore vous rendre compte, Messieurs, de deux opérations qui font partie de celle du Département.

„ L'une est le Rejet ou Réimposition, l'autre des taxes
d'Office.

» Rejet ou Réimpofition, (deux mots fynonimes en langage de Finance) fignifient que, lorfque quelqu'un s'eft plaint d'avoir été trop impofé, & que fa demande a été admife, on rejete fur les autres Contribuables de la même Paroiffe, la fomme accordée en décharge au Plaignant, parce qu'il ne doit jamais y avoir de non-valeur pour le Roi. Les Collecteurs acquittent entre les mains des Receveurs, le montant total de l'Impofition, & la décharge n'eft accordée à celui, qui s'eft pourvu pour l'obtenir, qu'à la condition de payer provifoirement, fauf fon rembourfement par la voie de la Réimpofition, dans l'année qui fuit celle où il a payé.

On diftingue quatre efpèces de Rejets ou Réimpofitions.

La premiere a lieu pour une cotte, dont le Taillable a été entiérement déchargé.

La feconde, pour une partie de cotte.

La troifieme, pour les Collecteurs, lorfqu'il s'eft trouvé, dans leur rôle, des non-valeurs, dont ils ont été obligés de faire l'avance.

Les Collecteurs font obligés de prouver que les non-valeurs n'ont pas été occafionnées par leur négligence, pour obtenir un Rejet en leur faveur.

La quatrieme s'accorde aux Receveurs, lorfque les Collecteurs ont diverti les deniers de leur recette & font infolvables. Cette forme nouvelle a été prefcrite par la Déclaration du 3 Janvier 1775.

Le Receveur particulier des Finances, pour obtenir ce rejet, doit prouver l'infolvabilité des Collecteurs par une difcuffion fommaire de leurs meubles & procès-verbal de perquifition de

leur perfonne faite à fa requête. Il fe pourvoit vers le Sieur Intendant, qui ordonne la communication de la requête & des
procédures faites aux habitans ; & fur leur réponfe, il annonce ,
s'il y a lieu, la réimpofition du principal, des intérêts & des
frais légitimement faits.

„ Les Rejets ne peuvent être accordés que par Sentence ou
Arrêt , & le Jugement doit être repréfenté , lors du Département , à l'Intendant qui ordonne la Réimpofition ; mais dans
aucun cas, elle ne peut excéder le cinquieme du principal de
la Taille que fupporte la Paroiffe, conformément à la Déclaration du 13 Avril 1761.

TAXES D'OFFICE.

LES Taxes d'Office font de différentes efpèces.

„ La premiere regarde ceux auxquels ce privilège a été
accordé par des créations d'Office, qui n'exemptent point de
Taille , ou pour les Commis à la perception des Droits du
Roi, qu'on n'a pas voulu laiffer à la difcrétion des Collecteurs,
de crainte qu'ils ne fuffent furchargés.

La feconde eft pour ceux qui, par crédit ou autorité, ont
trouvé le moyen de fe fouftraire à l'Impôt, ou de ne pas
payer proportionnellement à leurs facultés.

La troifieme eft pour ceux qui fe font retirés dans une Ville
franche, tarifée ou abonnée ; ils y doivent demeurer Taillables, pendant dix ans.

La quatrieme eft pour les Incendiés ou autres Taillables, qui
ont fouffert des pertes confidérables.

La cinquieme eſt pour les Habitans qui font valoir dans une Paroiſſe, autre que celle de leur domicile.

» Ce font MM. les Intendans qui accordent les Taxes d'Office. Il eſt eſſentiel de vous obſerver, Meſſieurs, qu'elles ne ſe payent pas entre les mains des Collecteurs, mais directement entre celles du Receveur des Tailles qui, à cet égard, eſt chargé par les Commiſſions de décerner les contraintes contre les Redevables ; & il devient garant, en ſon propre nom, des ſommes impoſées, ſans répétition contre les Paroiſſes.

» Le Bureau vient d'avoir l'honneur de vous rendre compte de trois différentes eſpèces de Répartition. Il reſte à vous parler de la quatrieme ; c'eſt celle qui a lieu entre chaque Contribuable d'une même Paroiſſe, & c'eſt la plus intéreſſante.

» On peut diſtinguer trois manieres de procéder à la confection des Rôles.

La premiere, par les Collecteurs ſeuls.

La ſeconde, par les Collecteurs, en préſence d'un Commiſſaire.

La troiſieme, par un Commiſſaire, qui a une miſſion ſpéciale, pour faire le Rôle en Taille proportionnelle. (Il eſt à remarquer que cette derniere méthode n'eſt point pratiquée dans la Généralité.)

» Mais de quelque maniere qu'il ait été procédé à la confection des Rôles, il faut qu'il y en ait une minute & deux expéditions ; que toutes les ſommes, tant du principal de la Taille

que des Acceffoires, y foient portées en toutes lettres, & qu'à
la fin du Rôle le montant total foit pareillement rappellé.

„ Lorfque le Rôle eft arrêté, les Colledeurs portent la minute & les expéditions, avec le Mandement de la Taille de la
Paroiffe, chez un Officier de l'Election, dont le nom eft indiqué en tête du Mandement. Il le vérifie, & le rend exécutoire. Il remet enfuite le Mandement, & une expédition, aux
Colleceurs, & garde la minute, pour la remettre au Greffe
de l'Election. L'Elu fait enfuite mention, fur le Mandement de
la Taille, du jour auquel il a vérifié le Rôle, afin que le
Collecteur n'en puiffe pas faire un fecond.

„ Ordinairement le Rôle fe dépofe entre les mains de celui des
Colleceurs, qui a la plus forte cotte, comme étant le plus folvable.

„ Après que le Rôle eft vérifié & figné, le Collecteur eft en
état de faire fes recouvremens.

CAPITATION DES TAILLABLES.

„ LA Capitation, Impôt connu dès la premiere race de nos
Rois, a éprouvé de grandes viciffitudes en France. Ce fut, en
1701, qu'elle fut irrévocablement fixée; elle fe perçoit par tête,
& nul n'en eft exempt. Depuis la Déclaration du 13 Février
1780, il n'y a plus qu'un feul Brevet pour la Taille & Capitation. Le montant de ce Brevet eft fixé invariablement, & ne
peut être augmenté fans Lettres-patentes, & il eft adreffé des
Commiffions particulieres de Sa Majefté pour la répartition
des fommes comprifes dans ce Brevet. La Capitation des
Nobles,

Nobles, Prvilégiés, & Villes Franches, tourne à la décharge
des Taillables.

„ C'eft ici le lieu d'obferver que, dans la maffe totale de cette
Impofition, la Capitation de la Nobleffe & des Privilégiés,
forme, dans les Provinces, l'objet le moins confidérable ; la portion la plus forte eft celle impofée fur les Taillables & les non-
Privilégiés , au marc la livre de la Taille.

» Avant 1761 , la Capitation étoit répartie par un Rôle particulier , qui étoit vérifié & rendu exécutoire par les Subdélégués. Mais une Déclaration du 13 Août 1761 , a ordonné qu'à
commencer en 1762, la répartition en feroit faite fur les mêmes Rôles que la Taille , conjointement avec les autres lm-
pofitions acceffoires.

VINGTIÈMES.

„ LES Vingtièmes font des Impôts qui fe levent fur le revenu
des biens-fonds & fur l'induftrie, c'eft-à-dire fur le produit du
Commerce ou des Arts méchaniques. Les monumens de nôtre
Hiftoire atteftent que, dans différentes circonftances, il a été
levé des Cinquantièmes, des Vingtièmes , & même des Dixiè-
mes des revenus & produits d es biens ; mais ces fubfides ne
s'impofoient que dans des tem difficiles & pour des befoins
extraordinaires ; leur perception ceffoit en même tems que les
dangers. Ce fut à l'occafion de la guerre de 1700, que le
Dixième ou les Vingtièmes qui fe perçoivent actuellement,
furent établis par Louis XIV , & la perception en fut ordonnée en 1710. Cet Impôt a éprouvé différentes variations. En

1756, Louis XV ordonna l'établissement d'un second Vingtiè-me, & en 1759, celui du troisieme Vingtième : il y a eu en-core, depuis cette époque, plusieurs autres variations; & le troisieme Vingtiéme a été supprimé au commencement de la présente année 1787.

„ La perception de cet Impôt se fait, dans chaque Paroisse, par un des Habitans ou Propriétaires présenté par le Receveur particulier des Finances, & agréé par M. l'Intendant, & que l'on appelle *Préposé aux Vingtiemes.* La connoissance de tout ce qui est relatif à cet objet, est attribué aux Intendans, qui, de concert avec les Directeurs des Vingtièmes, établis dans chaque Généralité, en font la répartition & les Rôles, qui font ensuite envoyés dans les Paroisses. Les Préposés comp-tent aux Receveurs-Particuliers des Finances, & ceux-ci aux Receveurs-Généraux des Finances, ainsi que pour la Taille, Accessoires & Capitation.

C O R V É E S.

» La Corvée, en nature, ayant été supprimée, le Roi a or-donné qu'il y fût suppléé par une prestation en argent, qui, d'après l'Edit enregistré, ne doit jamais se lever au-delà du sixième de la Taille, Accessoires & Capitation, pris en-semble. Mais dans la Généralité de Tours, par un arrangement particulier, cet Impôt ne se perçoit qu'au quart du principal de la Taille, ce qui donne une somme moindre que le cin-quieme, & même que le sixieme des Impositions réunies; c'est au Bureau des travaux publics qu'il appartient de vous donner MM., des détails plus circonstanciés sur cet objet. Celui des Impositions s'est uniquement borné à vous en présenter l'apperçu.

PRIVILÉGIÉS ET EXEMPTS.

» Il eſt un autre objet important que le Bureau croit devoir vous ſoumettre, MM., c'eſt celui qui regarde les Privilèges & Exemptions des Impôts.

» De tout tems l'intérêt a conduit les hommes ; ils ſe ſont peu embaraſſés que leurs motifs fuſſent juſtes ou injuſtes, & c'eſt ſur-tout, dans la ſollicitation des Privilèges & Exemptions d'Impôts, qu'on voit ſe déployer, avec énergie, cette funeſte paſſion qui rapporte tout à ſoi-même, ſans s'inquiéter des autres.

» Avant l'Edit de 1766, le nombre des Privilégiés & exempts, étoit immenſe, & quoi qu'il ſoit encore beaucoup trop grand, cependant, d'après le diſpoſitif de cette Loi, la réduction a été très-conſidérable.

» Voici l'état de tous ceux qui, par la teneur de l'Edit, jouiſ-ſent de l'exemption de taille, ſoit perſonnelle, ſoit d'exploitation:

» Le Clergé, la Nobleſſe, les Officiers des Cours Supérieures, ceux des Bureaux des Finances, les Secretaires du Roi, & les Of-ficiers de grandes & petites Chancelleries, pourvus de Charges qui donnent la Nobleſſe, ſont exempts de taille perſonnelle & d'exploitation, en ſe conformant, pour les Officiers des Cours & ceux des Bureaux des Finances, à la déclaration con-cernant la réſidence. Cependant les Officiers honoraires des Cours ne ſont point tenus à la réſidence pour jouir du privilege.

» Les Officiers Commenſaux, ceux des Elections, & ceux qui, parmi les Officiers de Judicature & de Finance, étoient exempts de taille, ſont maintenus dans le privilege d'exemp-tion de celle dite perſonnelle, en ſe conformant à la Décla-ration qui concerne la réſidence, & à condition de ne point prendre de biens à ferme, & de ne faire aucun trafic, ou autre acte, dérogeant à ce privilege.

„ Les Prévôts, & autres Officiers de Maréchauffée, jouiffent de l'exemption de taille perfonnelle dans les lieux où leur fervice exige réfidence, & à condition de ne faire aucun acte de dérogeance.

„ Les Habitans des Villes franches jouiffent de l'exemption de taille, en vertu de Lettres-patentes, enregiftrées à la Cour des Aydes; mais s'ils font quelques exploitations, dans l'étendue des Paroiffes taillables, pour une ou plufieurs années, s'ils prennent des biens, foit à ferme, foit à titre d'adjudication, ils font impofés dans les Paroiffes, où font fitués ces biens.

„ Voici, Meffieurs, tous les éclairciffemens que le Bureau a pu fe procurer, rélativement à l'hiftorique, à l'affiette, & à la perception des impôts, actuellement exiftans; il va mettre fous vos yeux le détail des inconvéniens qui en réfultent, & vous propofera quelques moyens d'y rémédier Ces deux objets font là matiere de la feconde divifion du compte, qu'il a l'honneur de vous préfenter.

„ La premiere & principale obligation des Affemblées Provinciales eft de chercher les moyens de répartir les Impofitions, avec plus d'égalité. Cet objet, le plus important qui vous foit confié, Meffieurs, mérite, de votre part, la plus grande attention, & ce n'eft qu'avec un extrême regret que le Bureau fe voit dans l'impoffibilité de vous préfenter le projet d'une diminution dans les Impôts; mais les circonftances, où nous nous trouvons, vous convaincront facilement qu'il n'eft d'autre moyen d'améliorer le fort des contribuables, que de répartir plus également la maffe des fubfides, & de combiner, avec jufteffe, les facultés de chaque individu, & la taxe qu'il doit fupporter. Avant de vous propofer un nouveau plan pour la perception des Impôts, il eft néceffaire de vous faire connoître les abus que le Bureau croit avoir apperçus, dans le régime actuel; vous devez diriger tous vos foins vers leur réforme, & porter les regards les plus attentifs fur la nature des privileges & exemptions, fur l'ignorance & mauvaife foi des Collecteurs, fur le peu de connoiffance des propriétés & facultés des contribuables, fur le fléau des garnifons & des contraintes ; ce dernier objet fur-tout paroît de la plus grande importance ; car les frais qu'il occafionne font en pure perte pour le peuple, & ne font d'aucune utilité pour l'Etat.

PRIVILEGES ET EXEMPTIONS.

„ Il eft un principe certain & généralement reconnu, Meffieurs, c'eft que toute difpenfe, ou exemption de la loi, eft deftructive de la loi, &, par une conféquence auffi véritable que le principe, elle eft fouverainement injufte. Cette vérité eft encore plus évidente, lorfqu'on l'applique à la répartition des Impôts. En matiere de Finance, tout Privilege d'exemption, accordé à un individu, pefe néceffairement fur tous les autres, foumis à la même impofition. En faut-il d'avantage, pour vous engager à chercher les moyens, finon de profcrire entiérement, au moins de diminuer, autant qu'il eft poffible, le nombre des Privilégiés.

„ Le Gouvernement lui-même a toujours fi bien fenti les inconvéniens qu'entraînent les Privilèges, que, dès l'an 1600,

Henry IV , par un Edit du mois de Mars , ordonna de faire
ceffer les furcharges, qui réfultoient de la multiplicité des exemptions. En 1640 & 1643 , Louis XIII donna des Edits , qui
reftreignoient le nombre & la nature des Privilèges En 1705 ,
1712 & 1715 , nouveaux Edits , qui révoquoient une grande
partie des exemptions. En 1759 , 1760 , 1761 & 1764 , Déclarations fur cet objet ; & enfin , en 1766 , Edit du Roi , qui
a fixé le nombre & la nature des privilèges & exemptions.

» Le Clergé , la Nobleffe & les Officiers de plufieurs Cours
de Judicature, jouiffent de l'exemption de la Taille perfonnelle,
& de celle d'exploitation. Pour vous prouver, Meffieurs , combien ces Priviléges font à charge aux Peuples, qu'il foit permis
de fuppofer , pour un inftant , que , dans une Paroiffe qui com-
prend 3000 arpens de terre , & qui paye 6000 liv. en Taille , Acceffoires & Capitation taillable , il y ait fix Propriétaires privilégiés, de la premiere Claffe, qui faffent valoir per-
fonnellement chacun quatre charrues , ou environ 300 arpens
de terre, nombre accordé par leur Privilège , il en réfultera
que 1800 arpens de cette Paroiffe ne porteront aucune partie
de la Taille, & que les 1200 reftans, payeront eux feuls les
6000 liv. d'Impofition ; ainfi, les 6000 liv. qui dans leur origine devoient fe répartir fur toute l'étendue de la Paroiffe, ce
qui donnoit 2 liv. d'Impofition par arpent , étant fupportées en
entier par les deux cinquièmes de l'étendue de cette même
Paroiffe, donneront un taux de 5 liv. par arpent, appartenant
aux non-Privilégiés, ce qui augmente par conféquent , de trois
cinquièmes, la taxe des Contribuables.

„ Cette obfervation ne mérite-t-elle pas toute votre attention , Meffieurs ? Le projet du Bureau n'eft certainement pas de

vous engager à demander indistinctement la destruction de tous
les Privilèges; il en est de sacrés; il en est qui ont été acquis
par des services importans, rendus à la Patrie; mais ne seroit-il
pas possible de les restreindre? Ceux même qui les possedent
ne devroient-ils pas être les premiers à les sacrifier au bien
général? Pourquoi la science de l'humanité, s'il est permis de
s'exprimer ainsi, celle du bien public, celle enfin de la société, ne feroit-elle pas, dans le dix-huitieme siecle, les mêmes
progrès que toutes les autres sciences? Ah! Messieurs, rap-
pellons-nous sans cesse que le bonheur de la société doit être
le seul objet de nos recherches & le mobile de nos délibérations.

» Le Bureau vous prie de porter encore votre attention
sur les privileges accordés aux Maîtres de Poste; après
plusieurs variations, ils ont été fixés au droit de faire valoir cent arpens de terre, sans payer la taille d'exploitation;
cette charge est encore très-onéreuse pour le peuple, d'autant
que ce font ordinairement les meilleurs fonds qu'exploitent les
Maîtres de Poste; & par des approximations assez vraisem-
blables, on peut évaluer, à près de 500 livres, la surcharge
qu'ils occasionnent, dans les Paroisses qu'ils habitent.

» Il vous reste à examiner, Messieurs, les taxes d'Office dans
leur principe; les taxes d'Office ont été établies pour soustraire
certains Privilégiés à l'injustice & à l'arbitraire des Collecteurs;
ils s'étoit introduit quelques abus, parce que ceux qui follici-
toient ces taxes, surprenoient souvent la religion de MM. les
Intendants, seuls chargés de cette partie d'administration. Mais
la Déclaration du 23 Avril 1778, les a corrigés, en accor-

dant , & à celui qui eft taxé d'Office , & aux Habitans ,
le droit de fe pourvoir contre la taxe, même en permettant
aux Collecteurs d'augmenter la taxe des Contribuables taxés
d'Office , lorfqu'ils auront eftimé , en leur ame & confcience,
cette augmentation conforme à la juftice.

„ Dans quelques cantons, on taxe d'Office les Chirurgiens &
les Sages-Femmes ; certainement il eft très-jufte d'encourager &
de récompenfer les talens & les fervices qu'ils peuvent rendre ;
il feroit même néceffaire de les mieux traiter , qu'on n'a fait
jufqu'à préfent ; mais ce devroit être par le moyen de gratifications, de petites penfions dans certains cas, & jamais par
les taxes d'Office, qui , comme on vient d'avoir l'honneur de
vous le dire , pefent toujours fur la claffe indigente des contribuables.

„ Le Bureau a encore l'honneur de vous faire obferver , Meffieurs, qu'il eft effentiel que tout contribuable foit impofé, dans
chaque Paroiffe où il poffede du bien. Il a été d'ufage,
jufqu'à préfent, de cumuler les différentes taxes, de maniere
que le propriétaire ne paye que dans le lieu de fa réfidence ;
il en réfulte des inconvéniens majeurs, & toujours le taux
impofé eft au-deffous des facultés des contribuables. C'eft à
vous à pefer , dans la balance de la juftice & de la fageffe , les
obfervations que le Bureau vient de mettre fous vos yeux ; il
va tâcher de vous faire connoître les inconvéniens, qui réfultent de la forme actuelle de la collecte , & de l'ignorance ou
mauvaife foi des Collecteurs.

COLLECTEURS.

COLLECTEURS.

» Les Collecteurs , qui feuls font les rôles dans les Paroiffes ; n'ont le plus fouvent ni les lumières , ni la volonté néceffaires pour bien opérer. Le taux auquel ils impofent les contribuables n'eft fondé fur aucun principe ni fur aucune proportion ; leur opération ne renferme aucun détail , ni motif. Les Edits leur enjoignent à la vérité d'inférer dans leur rôle , à chaque cotte, la condition du cottifé, fes biens & exploitations , tant en propre, qu'à loyer , & autres facultés , par article féparé , afin qu'on puiffe reconnoître fi fa cotte particulière aura été bien affife , & fi celles de chaque rôle font en proportion entr'elles ; mais cette proportion ne peut être établie que par des évaluations exactes des objets , fur lefquels porte l'impofition. Comment y parvenir , fans des regles fixes ? Comment éviter l'arbitraire , dans la répartition , fi le travail n'eft pas fondé fur une bafe certaine & invariable ?

» Les habitans des campagnes regardent comme un très-grand malheur d'être nommés Collecteurs ; effectivement la plupart d'entr'eux, accablés fous le poids des contraintes , des exécutions , des emprifonnemens, des vexations de toute efpece , fe voyent ruinés pour toujours , & condamnés à la mifere. Employant la plus grande partie de leur tems à parcourir les Paroiffes pour percevoir les impôts , il ne leur en refte plus affez pour vaquer à la culture de leurs petites propriétés , qui font leur feule reffource , & celle de leurs familles. Qu'arrive-t-il alors ? Forcés par la loi impérieufe du befoin , ils ont recours aux propriétaires aifés de leur Paroiffe ; eh ! faut-il le dire , Meffieurs , les fecours ne leur font accordés qu'à condition de devenir injuftes & criminels. L'homme aifé dit au Collecteur : oui , je

P

vous aiderai, je vous empêcherai de mourir de faim, mais
vous me déchargerez de la plus grande partie de la taxe, à laquelle je devrois être impofé ; fans cela point de fecours, plus
de travail chez moi, je deviendrai votre plus cruel ennemi.
Voilà le tableau véritable de ce qui fe paffe entre le pauvre
Collecteur, & le riche propriétaire.

„ Mais, fuppofons pour un inftant, que le Collecteur
foit honnête homme, & propriétaire aifé, il ne fait pas
lire, il eft obligé de fe confier à un étranger, fouvent à un
Huiffier, ce fléau des campagnes ; il lui confie fa miffion, fes
intentions ; le contribuable aifé connoît bientôt le vrai réparti-
teur ; des foins, des préfens font bientôt changer l'intention du
Collecteur. Le rôle eft porté au vérificateur, qui le rend exécutoire. Le Collecteur muni de fon rôle, connoît alors la
fraude & l'erreur ; mais il ne peut les rectifier, il lui faut prendre
des formes, préfenter des requêtes, & chaque faute involon-
taire lui coûte des frais confidérables.

„ Arrivent enfuite les contraintes ; il s'adreffe pour être payé,
ou à des malheureux, qui n'ont pas le moyen de fatisfaire à
leur taxe, ou à des riches, qui n'en ont pas la volonté ; à fon
tour il vexe les premiers, par néceffité, épargne les feconds,
& finit par être ruiné fans reffource par les Prépofés du Fifc.
Qu'arrive-t-il encore ? Les habitans les plus aifés des Paroiffes fe cottifent entre eux, s'arrangent pour paffer Collecteurs
tour-à-tour, & fe promettent mutuellement de s'épargner
dans la répartition de l'impôt : Vous croyez bien, que perfonne d'entre eux ne manque à fa promeffe.

» Il eft encore un autre abus que le Bureau ne peut paffer fous fi-
lence. Quelquefois les Régiffeurs des terres préfentent des pro-

curations autentiques, tandis qu'au moyen de baux secrets, ils font véritablement fermiers, & par cette fraude criminelle, la taxe, que devroit supporter le prétendu Régisseur, retombe à la charge du pauvre contribuable. Mais espérons que, avec l'établissement des Assemblées Provinciales, l'amour du bien public va renaître, & qu'Administrateurs aussi justes qu'éclairés, nous ne penserons plus qu'à faire le bonheur de l'Etat & des Peuples, dont les intérêts nous sont confiés.

» Le Bureau vous a présenté, Messieurs, le tableau des principaux abus, qui regnent dans la répartition & perception des impôts ; il lui resteroit encore à vous faire le détail des inconvéniens sans nombre, & des frais considérables, qu'entraînent les contraintes & poursuites, connues sous le nom de garnisons ; mais il se réserve à traiter cette question en mettant sous vos yeux les moyens qu'il croit devoir être employés, pour parvenir à une répartition moins arbitraire, plus égale, & conséquemment plus juste.

M O Y E N S

D'établir une plus juste Répartition.

» Rien de plus facile, Messieurs, que d'appercevoir les abus d'une Administration, rien de si difficile que d'y remédier. Depuis long-tems toutes les Nations font leurs efforts, pour découvrir la vraie théorie de l'Impôt. Des volumes immenses ont été composés ; les systèmes les plus extraordinaires publiés ; rien de satisfaisant n'a été exécuté. Mais au milieu de ce dédale obscur, il est un centre commun où toutes les opinions viennent se réunir ; c'est que tout impôt doit être réparti également, c'est-

à-dire, en raifon proportionnelle des facultés des contribuables.
Cette vérité fi fimple, fi évidente, eft apperçue de tout le
monde ; mais que faut-il faire pour la mettre en pratique ? c'eft
un problême, qui n'a point encore été réfolu. La première idée
qui fe préfente à l'efprit, eft celle d'un cadaftre général. Sans
doute cette opération, exactement faite, procureroit la connoiffance certaine de la valeur de tous les biens - fonds, bafe
fur laquelle doivent porter tous les impôts. Mais le cadaftre,
fi fatisfaifant pour le Mathématicien qui travaille dans fon ca-
binet, eft-il facile, eft-il même poffible dans l'exécution ? Il
le feroit, fi tous les hommes étoient juftes, s'ils connoiffoient
leurs véritables intérêts. C'eft affez vous dire, Meffieurs, qu'on
doit regarder cette opération comme impoffible. Que faudra-
t'il donc faire, pour connoître la valeur des biens, & les facultés des contribuables ? Le Bureau n'ofe fe flatter d'avoir
rempli vos vues à cet égard ; mais il a l'honneur de vous préfenter quelques idées, qu'il foumet à votre examen.

» Nous avons effayé de vous faire connoître les abus fans
nombre, qui réfultent de la forme actuelle de l'affiete & répartition des Impôts. Defirant y en fubftituer une autre, le
Bureau a examiné avec attention tout ce qui a été propofé ou
adopté, foit par quelques Généralités du Royaume, foit par
les Affemblées Provinciales, établies depuis plufieurs années, &
voici le plan que, d'après fon travail, il eft prefqu'unanimement convenu de vous préfenter.

» Il feroit néceffaire de procéder, dans chacune des trois
Provinces, comme on a fait en Berry, à la vérification du produit des biens & facultés d'un certain nombre de Paroiffes,
afin de déterminer le rapport de ces produits avec le taux des

impofitions que ces Paroiffes fupportent ; & en prenant la moyenne proportionnelle, entre l'impofition la plus douce & l'impofition la plus rigoureufe , on formeroit un taux commun pour chaque Province de la Généralité. Le Bureau penfe qu'il feroit fuffifant de faire vérifier vingt-quatre Paroiffes dans les Provinces d'Anjou & du Maine , quinze dans celle de Touraine; elles devroient être choifies dans différens cantons , & divifées , autant qu'il eft poffible , en bonnes , médiocres & mauvaifes terres, ce qui ajouteroit encore à la jufteffe de la moyenne proportionnelle , qu'on prendroit pour bafe du taux général.

„ On demanderoit auffi des déclarations pures & fimples , dans toutes les Paroiffes de la Généralité ; & comme elles feroient faites contradictoirement, entre tous les habitans & propriétaires, il eft à préfumer qu'elles approcheroient de la vérité. C'eft d'après cette opération que l'on connoîtroit fi le taux particulier de l'impofition de chaque Paroiffe eft au - deffus ou au deffous du taux commun , que l'on auroit établi.

»Il eft à préfumer que , loin de craindre les vérifications ou déclarations , les Paroiffes les folliciteroient elles-mêmes, parce qu'elles en connoîtroient l'effet , & qu'elles comprendroient, que pour faire droit fur des plaintes , il faut en connoître la juftice.

»En vous livrant, Meffieurs , à la recherche du taux commun de chaque Province , vous verrez bientôt s'il eft le même dans toutes les Elections ; car la vérification des vingt-quatre ou quinze Paroiffes, vous donnant deux ou trois exemples dans chaque Election, vous comparerez aifément les charges & les befoins des unes & des autres.

„ Après toutes ces opérations , il fera plus facile de travailler à la confection des rôles de chaque Paroiſſe.

„ On commenceroit par écrire ſur le rôle le nom du contri-buable , enſuite l'énumération des domaines qu'il poſſede ou fait valoir , déſignés par arpens & perches , d'après ſa déclaration , & au-deſſous de la ſomme à laquelle il eſt impoſé d'après le taux général. Si , après le rôle fait , il ſe trouvoit que le montant gé-néral en fut plus fort ou plus foible que la ſomme impoſée à la Paroiſſe , il feroit aiſé de l'augmenter ou de le diminuer en proportion des facultés connues de chaque contribuable ; & s'il y avoit réclamation , en raiſon d'une augmentation au-deſſus du taux général , il feroit facile , en rapprochant les déclarations de toutes les Paroiſſes de chaque Election , de rejetter le ſur-taux , ſur celles qui ne ſeroient pas impoſées , en raiſon de leurs facultés. Si les plaintes étoient mal fondées , on feroit payer à la Paroiſſe plaignante les frais de vérification.

„ La plus grande publicité doit être donnée à toutes ces opé-rations : Lorſque la minute du rôle qui , d'après les Inſtruc-tions & derniers Réglemens , doit être faite par les Aſſemblées Municipales , auroit été inſcrite ſur le ſommier de la Paroiſſe , il en ſeroit fait lecture , à l'iſſue de la Meſſe Paroiſſiale , par le Greffier , afin que , s'il ſe trouvoit des réclamations , l'Aſſemblée Municipale pût y avoir égard ; & cette lecture devroit ſe re-nouveller , pendant quatre Dimanches conſécutifs , avant de faire faire les expéditions du rôle.

„ Le Bureau penſe encore , Meſſieurs , qu'il feroit avantageux qu'au lieu de trois , ſix ou neuf Collecteurs , il n'y en eût qu'un feul par Paroiffe, pour percevoir les impofitions taillables; il feroit nommé par la Municipalité à laquelle il compteroit les deniers, & celle-ci verferoit dans la caiffe du Receveur particulier des Finances de chaque Election. Ce Collecteur profitant, à lui feul, des petits deniers, accordés pour les frais de collecte, il eft à préfumer que ce bénéfice honnête l'engageroit à mieux remplir fes fonctions, que ne le font actuellement les autres Collecteurs. La Municipalité, étant comptable au Receveur particulier des Finances, feroit intéreffée à ne jamais laiffer arrierer les comptes de fon Collecteur. Elle examineroit fa recette tous les quinze jours, & prendroit des mefures, pour faire payer ceux qui font en retard, en leur fignifiant que les frais ne tomberoient ni fur le Collecteur, ni fur les membres de la Municipalité, mais fur ceux qui n'auroient pas payé leur contribution, dans le tems fixé. Le Bureau a penfé que par cette opération les frais de contrainte & de garnifon feroient, finon annulés, au moins très-diminués; & cette charge, en pure perte pour le peuple, eft actuellement fi confidérable, qu'on préfume qu'elle s'élève à plus de cent vingt mille livres dans la Généralité.

„Il eft encore une autre remarque effentielle à vous propofer, Meffieurs, c'eft que toute impofition ne devroit porter que fur la partie du revenu qui excede ce que chaque contribuable doit prélever, pour fon néceffaire.

„Suppofez pour un inftant deux hommes, dont l'un a 200 l., & l'autre 1000 liv. de revenu, & que le taux de l'impofition eft le dixième; le premier doit donc payer 20 liv., & l'autre 100 liv. felon la proportion arithmétique; mais fuppofez auffi qu'il faut 150 liv. pour procurer l'étroit néceffaire à chaque individu, l'un n'aura plus que 50 liv. de revenu libre, & l'autre

aura 850 livres. Ce font feulement ces deux dernières fommes, fur lefquelles on devroit affeoir l'impofition ; le premier
payeroit 5 livres, & l'autre 85 livres ; & ces taux feroient
véritablement proportionnés aux facultés & aux befoins des
deux contribuables. Jugez d'après cela, Meffieurs, de la pofition
des miférables habitans, qui, n'ayant pour toute reffource que
leurs bras, ont à nourrir & entretenir une femme & plufieurs
enfans. Jettez les yeux fur ces infortunés, ils réclament votre
protection, ils implorent votre pitié, ils vous crient que ce font
eux qui vous font vivre, qu'ils confument leurs forces & leurs
années, dans des travaux pénibles, qui fouvent ne fervent qu'à
alimenter le luxe & les paffions. S'il eft néceffaire de les impofer, que leur taxe au moins foit affez foible, pour qu'ils
puiffent la payer, avec le prix d'une de leurs journées. Mais vous
n'avez pas befoin d'être encouragés, Meffieurs ; les travaux dont
vous venez de vous occuper, pendant les Séances de cette Affemblée, prouvent que tous les membres qui la compofent
font animés de cet efprit public, qui fait la force & le fou-
tien des Empires. Il fe développera de plus en plus, à mefure que vous avancerez dans la carrière que vous ouvrent
les Adminiftrations Provinciales, & que vous ferez dirigés par
les lumières, le zèle & les connoiffances en tout genre de l'il-
luftre Prélat qui vous préfide.

» Les membres qui compofent le Bureau des Impofitions,
pénétrés de reconnoiffance pour la confiance qu'a bien voulu leur témoigner l'Affemblée, la fupplient de recevoir tous
leurs remercîmens, & d'examiner avec indulgence un travail
qui prouve le zèle dont ils font animés, mais qui, faute d'expérience & de lumières, eft bien éloigné de la perfection qu'on
y pourroit defirer. »

L'Affemblée

L'Affemblée, délibérant fur le rapport du Bureau de l'Impôt, a loué le zèle qui l'a infpiré, a applaudi à la fageffe qui en a dirigé la rédaction, en a adopté en général les principes & les vues ; néanmoins, confidérant que, quant aux détails, le court efpace du tems des Séances ne permet pas de les examiner, avec la réflexion que l'importance de la matière exige, il a été réfolu que MM. des Commiffions Intermédiaires Provinciales, ainfi que tous les Membres de l'Affemblée, feroient invités à adreffer à la Commiffion Intermédiaire Générale, leurs obfervations, avant le premier Août prochain, pour en être fait rapport par MM. les Procureurs-Syndics, à l'Affemblée Générale, qui fe réferve de prendre, à cet égard, une réfolution ultérieure.

L'Affemblée ayant pris en confidération les avantages que la navigation de la rivière de la Loire & celles qui y affluènt, procure au Commerce, & en particulier à celui de cette Généralité, & les pertes qu'occafionnent les entraves, de toute nature, établies fur cette Rivière, qui parcourt une très-grande étendue du Royaume, ouïs les Procureurs-Syndics, a chargé fa Commiffion Intermédiaire de s'inftruire de tous les droits qui fe perçoivent fur la Rivière de Loire & de l'Allier, depuis le lieu où elles commencent à être navigables, jufqu'à l'embouchure de la Loire, en s'adreffant tant aux Commiffions Intermédiaires Provinciales, qu'aux Villes de cette Généralité, ou à celles qui font fituées dans d'autres Provinces ; 1.° afin de connoître la nature & la quotité de chaque droit ; 2.° s'il eft royal, engagé, ou feigneurial ; 3.° le produit de chaque Bureau, & le nombre de Commis qui y font employés ; 4.° le nombre des propriétaires ou engagiftes, & les baux, s'il y en a ; 5.° les retardemens que la perception & la vifite peuvent

Navigation de la Loire.

Q

apporter à la navigation, pour faire leur rapport du tout, & y ajouter leurs obfervations, à l'Affemblée générale prochaine, afin de la mettre en état de délibérer fur un objet fi important.

M. le Comte d'Autichamp a annoncé qu'il étoit obligé de fe rendre en Anjou, pour des affaires de la plus grande importance, & a prié l'Affemblée de trouver bon qu'il s'abfentât, avant fa clôture.

Il a été fait lecture d'une lettre de MM. les Procureurs-Syndics de l'Anjou, qui annoncent l'envoi des Procès-verbaux de leur Affemblée, pour chacun des membres de l'Affemblée générale. MM. les Procureurs-Syndics ont été chargés de leur répondre & de les remercier.

Mgr. l'Archevêque a remis la prochaine Séance à ce jour, cinq heures du foir.

FAIT & arrêté lefdits jour & an.

Signé,

† FRANÇOIS, *Archevêque de Tours, Préfident.*

MORISSON, *Greffier.*

XVI.

LE vingt-huit Novembre, mil fept cent quatre-vingt-fept, cinq heures du foir, l'Affemblée réunie, il a été fait lecture du Procès-verbal de la Séance précédente.

Sur le compte rendu par MM. les Procureurs-Syndics du Mémoire lu en la Séance du 23, concernant le Commerce de Laval, il a été arrêté qu'il fera remis à la Commiffion Intermédiaire, laquelle s'assurera si les droits, perçus sur les toiles grises & sur les chemises faites à Laval, sont légitimement établis, pour, dans tous les cas, adresser au Conseil du Roi telles observations & mémoires qu'elle croira justes & nécessaires.

L'Assemblée a chargé sa Commission Intermédiaire de prendre tous les éclaircissemens qu'elle pourra se procurer sur les procédés, & sur les moyens de dépouiller les charbons de terre, de l'acide sulfureux, qui empêche de les employer dans les forges & dans les blanchisseries, afin de diminuer la consommation du bois, dont la rareté se fait sentir dans la Généralité.

L'Assemblée considérant qu'il est nécessaire que les Commissions de District & les Assemblées Municipales soient instruites des loix auxquelles elles doivent se conformer, & que cette connoissance leur soit donnée, aussi uniformément qu'il sera possible, a arrêté que sa Commission Intermédiaire s'occuperoit de rédiger un extrait, tant des dernières Instructions de M. le Commissaire du Roi, relatives aux Commissions de Districts & Assemblées Municipales, que des Edits & Réglemens intervenus en ce qui les concerne, lequel sera par MM. les Procureurs - Syndics adressé aux Commissions Intermédiaires Provinciales, pour que, si elles le jugent à propos, avec les changemens convenables, elles puissent les faire parvenir aux Commissions & Assemblées, qui leur sont subordonnées.

Mgr. l'Archevêque a remis la prochaine Séance à demain vingt-neuf, onze heures du matin.

Fait & arrêté lesdits jour & an.

Signé,

† FRANÇOIS, *Archevêque de Tours, Président.*

Morisson, *Greffier.*

XVII.

LE vingt-neuf Novembre, mil sept cent quatre-vingt-sept, onze heures du matin, l'Assemblée réunie, il a été fait lecture du Procès-verbal de la Séance d'hier.

Mgr. le Président a nommé M. l'Abbé Desfontaines & M. Delauney-Defresney, pour aller prévenir M. le Commissaire du Roi, que l'Assemblée avoit terminé les opérations, dont elle avoit été chargée, & l'inviter à en venir faire la clôture.

MM. les Députés ci-dessus nommés, se sont transportés chez M. le Commissaire du Roi, &, de retour, ont annnoncé son arrivée. MM. les Procureurs-Syndics sont allés le recevoir au bas de l'escalier. M. l'Abbé Desfontaines, M. le Marquis de Luzignem, M. Jamin de la Moinerie & M. Delauney-Defresney, se sont trouvés au haut dudit escalier, lesquels réunis à MM. les Procureurs-Syndics, ont introduit M. le Commissaire du Roi dans la Salle des Séances; l'Assemblée s'est levée à son entrée, & il a été conduit à un fauteuil, qui lui avoit été préparé, en la forme prescrite par les Réglemens.

M. le Commissaire du Roi & MM. se sont assis & couverts.

M. le Président a dit, que M. le Commissaire du Roi ne trouveroit, dans les Délibérations de l'Assemblée, que cet esprit de justice, d'impartialité, d'ordre & d'économie qu'elle lui avoit annoncé à l'époque de sa réunion; que malgré le zèle & l'ardeur, avec lesquels il savoit que chacun de ses Membres s'étoit efforcé de justifier la confiance du Prince, & de mériter la reconnoissance des Citoyens, elle n'avoit encore à offrir que des vues & des projets; mais que le temps & le concours des circonstances lui procureroient, sans doute, les moyens d'effectuer tous les soulagemens & toutes les améliorations, qu'elle avoit reconnu possibles ; qu'il le prioit d'aggréer l'hommage que lui rendoit l'Assemblée, d'avoir contribué jusqu'à ce jour, au bonheur des Peuples de la Généralité ; enfin, que l'union qui regnoit entre lui & l'Assemblée, & entre chacun de ses Membres, étoit le présage de l'exécution des vues paternelles de Sa Majesté, & du succès d'un établissement, qui devoit contribuer à la gloire de son Regne & au bonheur de ses Peuples.

M. le Commissaire du Roi a répondu que l'Assemblée s'étant occupée de tous les objets dont elle avoit été chargée par les instructions qu'il lui avoit communiquées de la part de Sa Majesté, elle pouvoit se séparer ; & après l'avoir assurée de sa sensibilité aux sentimens qu'elle lui avoit témoignés, & de son empressement à en mériter la continuation, il a été reconduit avec les mêmes honneurs qu'à son arrivée, & par les mêmes Députés qui avoient été le recevoir.

Tous les Membres de l'Assemblée se sont empressés à l'envi, d'exprimer à Mgr. l'Archevêque de Tours, leur vive satisfaction du zèle actif & éclairé qu'il a montré pendant le cours des Séances ; de l'esprit d'ordre, de clarté & de justesse, avec lequel il a su présenter les matières mises en délibération, & les développer ; & à lui témoigner leur reconnoissance de ses procédés pleins d'honnêteté & de noblesse.

M. le Président leur en a fait ses remercîments, & ils se sont séparés, en se donnant des assurances mutuelles d'union, d'estime, & d'affection.

Clos & arrêté les jour, mois & an susdits. Et tous les Députés en la présente Assemblée ont signé, excepté M. Pasquier, M. de Monsabert, M. le Comte de Serrant, M. le Comte d'Autichamp, qui se sont absentés avant la clôture, pour les causes énoncées dans les précédentes Séances ; M. Boullay du Martray, & M. de la Haye de Vaulx, qui, pour raisons de santé, n'ont pu affifter à cette Affemblée.

Signé,

† FRANÇOIS, *Archevêque de Tours, Préfident.*

† F. G. ÉVÊQUE DU MANS.

L'*Abbé* DESFONTAINES.

L'*Abbé* DE LA MYRE-MORY.

L'*Abbé* D'ADVISARD.

L'*Abbé* DE VILLENEUVE.

L'*Abbé* DE BOISDEFFRE.

L'*Abbé* DU FREMENTEL.

L'*Abbé* DE BARAUDIN.

L'*Abbé* DU CASTEL.

MARTINET, *Prieur de Daon.*

F. MASSEY, *Prieur de S. Florent.*

PRUDHOMME.

BARBET.

JAMIN DE LA MOINERIE.

EMMANUEL PELTEREAU.

CUREAU.

BLOUIN.

LASNIER DE LA TOUR.

LE BRETON DE NUEIL.

DE LAUNEY DE FRESNEY.

PAULMIER.

CHESNEAU DES PORTES.

Le Marquis DE VERNEUIL.

Le Marquis DE ROCHECOT.

Le Vicomte DE MAILLÉ.

LE Marquis DE MONTÉCLER.

LE Marquis DE CLERMONT-GALLERANDE.

H. DE LUZIGNEM.

Le Baron DE MENOU.

Le Vidame DE VASSÉ.

CAILLEAU.

DE LA TREMBLAIS.

POUGET.

GAULTIER.

BARILLER DE PALLÉE.

DESMÉ.

ENJUBAULT DE LA ROCHE.

MONDIERE.

BELIN DE BERU.

CHESNON DE BAIGNEUX.

DAVY DES PILTIÈRES.

Le Comte DE LA BÉRAUDIERE, *Procureur - Syndic.*

DE LA GRANDIERE, *Procureur-Syndic.*

MORISSON, *Greffier.*

INSTRUCTION

REMISE par M. le Commiffaire du Roi, à l'Affemblée Générale des trois Provinces de la Généralité de Tours, convoquée par les ordres du Roi au 12 Novembre 1787.

LE SIEUR D'AINE, Intendant & Commiffaire départi en la Généralité de Tours, & Commiffaire de Sa Majefté à l'Affemblée générale des trois Provinces de la Généralité de Tours, convoquée par les ordres du Roi, au 12 Novembre préfent mois, en la ville de Tours,

Fera connoître à ladite Affemblée Générale que Sa Majefté, en donnant le Réglement du 18 Juillet dernier pour la formation de ladite Affemblée Générale, & des trois Affemblées Provinciales de ladite Généralité, a annoncé ce Réglement, comme provifoire, pour deux années, à l'expiration defquelles, Elle expliqueroit définitivement fes intentions, & par celui du 12 Août dernier, relatif aux fonctions de ces différentes Affemblées, & à leurs rapports avec fon Commiffaire départi, Elle s'eft réfervée d'y faire fucceffivement les changements que lui infpireroit fa fageffe.

Sa Majefté ayant reconnu qu'il étoit utile & indifpenfable qu'Elle manifeftât, dès-à-préfent, fes intentions fur quelques-uns des articles de ces Réglemens, qui lui ont paru exiger des développements & quelques interprétations, Elle a chargé fon Commiffaire de les notifier à l'Affemblée.

PREMIERE PARTIE.

Du Cérémonial, des formes de la tenue de l'Assemblée Générale & des Assemblées Provinciales, des fonctions des différents Membres ou Officiers desdites Assemblées, & autres objets relatifs à leurs formation & organisation intérieures.

Section premiere.

Du Commissaire du Roi.

Le sieur Intendant, Commissaire du Roi, sera prévenu en son Hôtel, par deux Membres de l'Assemblée, choisis par le Président, l'un dans le Clergé ou la Noblesse, & l'autre dans le Tiers-État, que l'Assemblée est formée, & il sera invité, par eux, à venir en faire l'ouverture.

Le Commissaire du Roi se rendra à l'Assemblée en robe de cérémonie du Conseil, & précédé de ses hoquetons. Arrivé au lieu des Séances, il sera reçu au pied de l'escalier par les deux Procureurs-Syndics, au haut de l'escalier par une députation de quatre Membres choisis par le Président, l'un dans le Clergé, un autre dans la Noblesse, & les deux autres dans le Tiers-État.

Le Commissaire du Roi sera reçu dans l'Assemblée, tous les Membres, autres que ceux formant la députation, étant à leurs places, debout & découverts.

Le Commissaire du Roi sera conduit à un fauteuil d'honneur élevé d'un degré, & placé au milieu de l'Assemblée, vis-à-vis de celui du Président, qui sera aussi élevé d'un degré, & en avant des Procureurs-Syndics, & du Secrétaire-Greffier.

Il sera reconduit avec les mêmes honneurs. Le même cérémonial sera observé pour la clôture de l'Assemblée, & toutes les fois que le Commissaire du Roi entrera à l'Assemblée pour y faire connoître les intentions de Sa Majesté.

Le lendemain de l'ouverture de l'Assemblée, il sera fait une députation, composée de quatre députés, au Commissaire du Roi, pour le saluer de la part de l'Assemblée.

Toutes les fois qu'il sera fait mention, dans le Procès-verbal du sieur Intendant, relativement à ses fonctions, vis-à-vis de l'Assemblée, pendant le cours de ses Séances, il sera désigné dans le procès-verbal, sous le titre de M. le Commissaire du Roi.

Lorsqu'il sera question d'opérations antérieures à l'Assemblée, ou qui devront la suivre, Sa Majesté veut que son Commissaire départi ne puisse être désigné dans le Procès-verbal, les rapports & autres actes de l'Assemblée, que sous le nom de M. l'Intendant.

Le

Le Préſident ſera l'organe de l'Aſſemblée, pendant le cours de ſes Séances, c'eſt par lui qu'elle correſpondra avec le conſeil de Sa Ma-jeſté.

Les Procès-verbaux des Séances de l'Aſſemblée feront jour par jour, ſignés du Préſident, & contreſignés du Secrétaire-Greffier ; celui de la derniere Séance ſera ſigné de lui & de tous les Membres de l'Aſſem-blée.

La Commiſſion Intermédiaire étant entierement ſuſpendue, & n'exiſ-tant plus pendant l'Aſſemblée, tous les paquets de la Cour & autres, adreſſés, ſoit à l'Aſſemblée, ſoit à ladite Commiſſion Intermédiaire, feront ouverts dans l'Aſſemblée par le Préſident.

Les adjudications qui feroient paſſées pendant le cours des Séances de l'Aſſemblée, feront ſignées du Préſident, & contreſignées par le Secrétaire-Greffier.

Les mandats de payement à expédier, pendant la tenue de l'Aſſem-blée, feront ſignés du Préſident & des Commiſſaires du bureau des fonds de la comptabilité, & contre-ſignés par le Secrétaire-Greffier.

Le Préſident nommera toutes les députations, propoſera la Com-miſſion des Bureaux, ainſi qu'il ſera ci-après expliqué, & il ſera, de droit, Membre de tous les Bureaux, qui feront préſidés par lui lorſ-qu'il y entrera.

Tout ce qui eſt relatif aux Rangs & aux Séances, a été preſcrit par le Réglement de formation.

Il n'y aura nulle diſtinĉion entre les Membres choiſis par le Roi, & ceux nommés par l'Aſſemblée préliminaire.

Ainſi les Rangs pour les Seigneurs Laïcs, ne feront réglés dans la prochaine Aſſemblée que ſuivant leur âge, leur admiſſion étant cenſée de la même époque, c'eſt-à-dire, du jour de la convocation de l'Aſ-ſemblée complette.

Sa Majeſté a ordonné que pour le Tiers-État, les Séances feroient ſuivant l'ordre des Communautés, qui ſeroit déterminé d'après leur contribution.

Nul Membre du Tiers-Etat ne pourra être regardé comme repré-ſentant une Ville où il y a un Corps Municipal, s'il n'eſt lui-même un des Officiers Municipaux.

S'il ſe trouvoit à l'Aſſemblée deux Députés du Tiers-Etat, demeurant aĉuellement dans une même Ville, celui-là ſeul pourra repréſenter ſa Ville, qui ſera Officier Municipal, l'autre ne pourra repréſenter que la Communauté Villageoiſe dans laquelle il aura des propriétés.

Si l'un ni l'autre n'eſt un des Officiers Municipaux, ils ne pourront prendre rang à raiſon de la contribution de la Ville où ils demeurent, mais à raiſon de la contribution des Communautés où ils poſſederont des

R

biens. A l'ouverture de fes Séances , l'Aſſemblée aſſiſtera à une Meſſe du Saint-Eſprit.

Les deux freres , le pere & le fils , le beau-pere & le gendre ne pourront à l'avenir être élus enſemble Membres de l'Aſſemblée.

Sa Majeſté autoriſe la prochaine Aſſemblée à remplacer , pour ſe compléter , ceux des Députés nommés , ſoit par le Roi , ſoit par l'Aſſemblée préliminaire , qui feroient morts depuis , ou qui n'auroient point accepté ; mais toutes les nominations ultérieures feront faites par les Aſſemblées Provinciales , dont les Commiſſions Intermédiaires feront en conſéquence prévenues par la Commiſſion Intermédiaire Générale huit jours avant la convocation deſdites Aſſemblées , des remplacemens auxquels elles auront à pourvoir.

Il ſera formé dans les deux premiers jours de l'Aſſemblée , des Bureaux particuliers chargés de rédiger & préparer les objets fur leſquels il devra être delibéré.

Le Préſident propoſera à l'Aſſemblée la compoſition des Bureaux , & y diſtribuera toùs les Membres de l'Aſſemblée , en ſuivant , autant que faire ſe pourra , les proportions établies dans la compoſition de l'Aſſemblée.

Il y aura quatre Bureaux ; l'un ſera le Bureau de l'Impôt ; le ſecond, celui des Fonds & de la Comptabilité ; le troiſième , celui des Travaux publics ; le quatrième , celui de l'Agriculture , du Commerce & du Bien public. Outre ces quatre Bureaux , s'il étoit queſtion d'examiner & de diſcuter une affaire très-importante , elle pourra être confiée à une Commiſſion particulière.

Il ſera auſſi formé une Commiſſion particulière pour les Viſites du Greffe & des Archives , & nommé des Commiſſaires pour la rédaction & la reviſion du Procès-verbal.

Les Délibérations de l'Aſſemblée , pour ſon régime intérieur , feront exécutées proviſoirement ; mais nulle Délibération à exécuter hors de l'Aſſemblée , n'aura d'effet qu'elle n'ait été ſpécialement approuvée par Sa Majeſté.

Aucun Député ne pourra perſonnellement propoſer à l'Aſſemblée , un nouvel objet de Délibération , étranger à ceux qui feroient alors diſcutés , ni lire aucun Mémoire , qu'il n'en ait préalablement prévenu M. le Préſident , & n'ait communiqué ſa propoſition ou ſon mémoire à celui des Bureaux de l'Aſſemblée qui ſe trouvera chargé des objets auxquels feroit analogue la propoſition & le mémoire dudit Député.

Les Procès-verbaux de l'Aſſemblée pourront être livrés à l'impreſſion , au fur & à meſure de ſes Séances , & ne feront rendus publics que quinze jours après celui de la clôture.

Section quatrieme.

De la Commiſſion Intermédiaire.

Après la ſéparation de l'Aſſemblée , la Commiſſion Intermédiaire Générale rentrera en activité.

Elle ſeule repréſente l'Aſſemblée , & a un caractere public à cet effet.

Le Préfident de l'Affemblée eft auffi le Préfident de la Commiffion In-termédiaire, mais dans le fens qu'il en eft le premier Membre, faifant corps avec elle, & n'ayant fur elle aucune fupériorité. En conféquence la correfpondance Miniftérielle, & celle dans l'intérieur de toute la Gé-néralité, après la féparation de l'Affemblée, fe tiendront toujours avec & par la Commiffion Intermédiaire Générale.

L'abfence du Préfident, comme de tout autre Membre, ne changera rien à la forme de la correfpondance.

Sur les objets importans, le Préfident pourra écrire particulièrement aux Miniftres du Roi, pour appuyer & développer les avis de la Com-miffion Intermédiaire Générale ; mais la lettre feule de la Commiffion Intermédiaire fera la dépêche Officielle.

Après le protocole d'ufage pour les différentes perfonnes auxquelles elle écrira, la Commiffion Intermédiaire terminera ainfi fes lettres :

Vos très- . . . . . . Serviteurs

les Députés compofant la Commiffion Intermédiaire Générale des trois Provinces de la Généralité de Tours.

Enfuite tous les Membres préfens & les Procureurs-Syndics figneront.

Toutes les adjudications, les mandats de paiement, & les autres actes émanés de la Commiffion Intermédiaire Générale, feront fignés dans la même forme, c'eft-à-dire qu'il fera mis au bas par les Députés com-pofant la Commiffion Intermédiaire Générale des trois Provinces de la Généralité de Tours, enfuite tous les Membres figneront.

Les Officiers des Bureaux des Finances & des Elections pourront être Membres de l'Affemblée Générale ou des Affemblées Provinciales, comme tous les autres propriétaires ; mais ils ne pourront à l'avenir être élus Membres des Commiffions Intermédiaires Générale ou Pro-vinciales, attendu les fonctions qui leur font impofées par la nature de leurs Charges, & par les Réglemens.

Confirme néanmoins Sa Majefté, pour cette fois feulement, & fans tirer à conféquence, les nominations qui auroient pu être faites par les Affemblées préliminaires Générale ou Provinciales, de quelque Membre du Bureau des Finances ou des Elections, pour la compo-fition des Commiffions Intermédiaires Générale ou Provinciales ; mais ces Officiers ne pourront être continués, ni remplacés par d'autres Membres des mêmes Tribunaux, lors des renouvellemens ultérieurs des nominations pour lefdites Commiffions Intermédiaires Générale & Provinciales.

Pour être Procureur-Syndic, pour la Nobleffe & pour le Clergé, il ne fera pas néceffaire qu'un Gentilhomme qui auroit des titres à cette place, foit Seigneur de Paroiffe ; il fuffira qu'il foit propriétaire d'un fief dans la Province.

Les Procureurs Syndics prendront Séance dans l'Affemblée à un Bu-reau placé au milieu de l'Affemblée.

Les Procureurs-Syndics feront remettre chaque jour au Commiffaire du Roi, à la fin de chaque Séance, une notice fuccinte & uniquement énonciative des objets qui auront été difcutés ou délibérés dans l'Affemblée, pour que le Commiffaire de Sa Majefté foit affuré qu'il ne s'y traite aucune matiere étrangere aux objets dont elle doit s'occuper.

Lorfqu'un rapport aura été lu & délibéré dans un Bureau, avant qu'il en foit fait lecture à l'Affemblée, les Procureurs-Syndics feront appellés à ce Bureau, pour prendre communication & donner fur ledit Mémoire leurs obfervations, s'il y a lieu, foit verbalement, foit par écrit, tant au Bureau qu'à l'Affemblée.

Ils n'auront pas voix délibérative dans l'Affemblée.

Mais, attendu que la Commiffion Intermédiaire doit toujours fuivre ponctuellement l'exécution des délibérations de l'Affemblée, approuvées par Sa Majefté, & que les Procureurs-Syndics doivent y concourir, lefdits Procureurs-Syndics auront voix délibérative dans la Commiffion Intermédiaire ; ils n'auront à eux deux qu'une feule voix, qui fera prépondérante en cas de partage; fi leurs opinions different, leurs voix fe détruiront & ne feront point comptées, & dans le cas où les autres voix feroient partagées, celle du Préfident aura la prépondérance.

Les Procureurs-Syndics écriront en nom collectif, fur tous les objets de correfpondance qu'ils devront fuivre, & après avoir énoncé leur qualité de Procureurs-Syndics de l'Affemblée générale des trois Provinces de la Généralité de Tours, ils figneront : fi un des Procureurs-Syndics étoit abfent, la lettre feroit toujours écrite en nom collectif, & un feul figneroit.

Ils ne pourront intervenir dans aucune affaire, fans une déliberation de l'Affemblée ou de fa Commiffion Intermédiaire, & n'agiront d'ailleurs, fur aucun objet relatif à l'adminiftration de la Généralité, que de concert avec la Commiffion Intermédiaire générale.

Ce qui vient d'être prefcrit pour les Procureurs-Syndics de l'Affemblée générale, fera également obfervé pour les Procureurs-Syndics des Affemblées Provinciales.

Section fixieme.

Des Affemblées Provinciales.

Les Affemblées Provinciales fe tiendront dans le mois d'Octobre de chaque année, & elles ne pourront durer plus de vingt & un jours. Le jour précis de leur convocation fera fixé par le Préfident, qui fe concertera à ce fujet avec la Commiffion Intermédiaire Provinciale.

Lorfque le jour en aura été arrêté, & ce jour ne pourra être indiqué plus tard que le 9 dudit mois d'Octobre, afin que les trois Affemblées Provinciales de la Généralité foient clofes & terminées le 30 du même mois au plus tard ; le Préfident en préviendra la Commiffion Intermédiaire générale un mois d'avance, & avertira les Députés qui devront être convoqués, de l'époque précife de l'ouverture de l'Affemblée par une lettre fignée de lui.

L'Affemblée Provinciale fera toujours former trois expéditions de fes Procès-verbaux, & ces trois expéditions feront adreffées par elle le même jour, l'une au fieur Contrôleur - général des Finances, la feconde au fieur Intendant & Commiffaire départi, & la troifieme à la Commiffion Intermédiaire générale, pour être dépofée dans les Archives de l'Affemblée générale des trois Provinces; mais lors de l'Affemblée Générale qui fuivra immédiatement, il fera fait par ces Procureurs-Syndics un rapport à ladite Affemblée générale du contenu de chacun defdits trois Procès-verbaux, pour, fur ledit rapport, être pris par l'Affemblée telle délibération qu'elle jugera convenable, fous le bon plaifir de Sa Majefté.

Les Affemblées Provinciales auront foin de fe conformer exactement aux délibérations de l'Affemblée générale fur les objets qui intéresseront toute la Généralité, lorfqu'elles auront été approuvées par Sa Majefté, & elles fentiront que tout le bien qu'elles defireront procurer à leur Province, ne pourra s'opérer que par un concert & une harmonie réciproque entr'elles & l'Affemblée générale.

Les Commiffions Intermédiaires des Affemblées Provinciales fe conformeront ponctuellement & littéralement à tout ce qui leur aura été prefcrit, tant par l'Affemblée générale, que par Sa Commiffion Intermédiaire, fur les objets qui intéresseront toute la Généralité.

Comme les Bureaux Intermédiaires de Diftrict font le lien réciproque entre les Affemblées Municipales & leur Affemblée Provinciale, & entre l'Affemblée Provinciale & les Affemblées Municipales, il ne fera rien prefcrit, ni fait aucune difpofition par une Commiffion Intermédiaire Provinciale, à l'égard d'aucune Ville ou Communauté, ou d'aucuns Contribuables & Habitans d'un Diftrict quelconque, que par la voie du Bureau Intermédiaire dudit Diftrict, & qu'après que ledit Bureau Intermédiaire de Diftrict aura été préalablement entendu.

Sa Majefté recommande en conféquence aux Bureaux Intermédiaires de Diftrict, de mettre la plus prompte exactitude & la plus grande célérité dans toutes leurs rélations & leur correfpondance avec la Commiffion Intermédiaire de leur Province.

La volonté de Sa Majefté eft que les Syndics des Bureaux Intermédiaires de Diftrict, & fubfidiairement les Procureurs-Syndics de chaque Affemblée Provinciale, donnent la plus grande attention à l'examen de toutes les délibérations concernant les nominations des Députés des Affemblées Municipales, & provoquent à l'avenir la réformation de celles qui feroient irrégulieres. Sa Majefté defire cependant que, d'après les tableaux qu'elle a ordonné aux Affemblées Provinciales de faire former, l'Affemblée générale examine s'il ne feroit pas convenable de mettre dans le taux d'impofition qui avoit été fixé uniformément à dix livres pour être admis dans les Affemblées Paroiffiales, & à trente livres dans les

Affemblées Municipales, quelques proportions relatives à l'état d'aifance ou de pauvreté des Communautés des campagnes, qui réfulte
toujours ou de la nature du fol, ou du genre de culture, ou enfin
du plus ou moins d'induſtrie auquel fe livent les Habitans de ces Communautés.

M. l'Intendant fera connoître à l'Affemblée Générale, que Sa Majeſté
lui permet de lui préfenter fes obfervations & propofitions fur cet
objet, & Sa Majeſté y ſtatuera avant le mois d'Octobre 1788.

A compter de cette époque, les Syndics des Bureaux Intermédiaires
de Diſtrict donneront avis aux Procureurs-Syndics de chaque Affemblée Provinciale des irrégularités qu'ils auroient pu remarquer dans les
délibérations Paroiffiales, ou les nominations qui y auroient été faites, & leur enverront un Mémoire déraillé & figné d'eux, fur chaque nomination irréguliere.

Les Procureurs-Syndics mettront lefdits Mémoires fous les yeux de
la Commiffion Intermédiaire Provinciale, qui y joindra fes obfervations, & enverra le tout au Contrôleur-Général des Finances, par la
voie de la Commiffion Intermédiaire Générale, pour y être ſtatué,
ainfi qu'il appartiendra, fur l'avis de M. l'Intendant.

DEUXIEME PARTIE.

Des Fonctions des différentes Affemblées, & de leurs relations avec M. l'Intendant.

EN foumetttant, par l'article premier du Réglement du 12 Août, les
Affemblées Municipales, tant aux ordres qu'elles recevront au nom
du Roi, par la voie de M. l'Intendant, qu'à ce qui leur feroit prefcrit,
foit par l'Affemblée Provinciale ou fa Commiffion Intermédiaire, foit
par le Bureau Intermédiaire du Diſtrict, Sa Majeſté n'a point entendu
que MM. les Intendants, & les Affemblées Provinciales, & les Commiffions & Bureaux Intermédiaires qui leur font fubordonnés, puffent indifféremment donner des ordres ou des inſtructions aux Affemblées Municipales fur les mêmes objets, mais refpectivement fur ceux
qui leur feroient attribués.

Par l'article II, qui exclut de la répartition de la Taille les perfonnes qui ne font point taillables, Sa Majeſté n'a fait que rappeller
ce qui eſt prefcrit par tous les Réglements en matiere de taille perfonnelle.

L'intention de Sa Majeſté eſt de diminuer le nombre des Rôles, qui
avoit été porté à cinq par l'article III; mais, à cet égard, Sa Majeſté fufpendra fa détermination, & l'Affemblée Générale reconnoîtra
que par le vœu qu'elle fera dans le cas de préfenter fur le mode de répartition des différentes natures d'impofitions, elle peut procurer à la

Généralité une grande économie , en réuniffant plufieurs de ces Impofitions dans un feul & même Rôle, qui feroit feulement divifé en plufieurs colonnes. L'Affemblée Générale remplira les intentions de Sa
Majefté , en propofant le mode de répartition le plus jufte & le moins
difpendieux.

M. l'Intendant fera cependant connoître dès-à-préfent à l'Affemblée
Générale , fur la répartition de la Capitation des Nobles & Privilégiés ,
&c., que ce rôle , au lieu d'être fait comme le prefcrivoit l'art. III ,
par chaque Affemblée Municipale, le fera par la Commiffion Intermédiaire de chaque Province, pour tous les Nobles, Privilégiés , &c. de
ladite Province , en le divifant toutes fois par Paroiffes. Il fera fait de
ce rôle deux expéditions qui feront toutes deux envoyées par les Procureurs-Syndics de l'Affemblée Provinciale, aux Procureurs-Syndics de
l'Affemblée Générale , & remifes par ceux-ci à M. l'Intendant, qui les
adreffera au Confeil. Lorfque ce rôle y aura été arrêté , M. l'Intendant
en renverra l'expédition en forme à la Commiffion Intermédiaire Provinciale, pareillement, par la voie des Procureurs-Syndics de l'Affemblée Générale , pour qu'il foit dépofé dans les Archives de l'Affemblée Provinciale , & rendra en même-tems exécutoires les extraits
de ce rôle qui lui auront été envoyés, de même pour chaque Paroiffe
ou Communauté ; ces extraits feront enfuite adreffés par la Commiffion
Intermédiaire à chaque Bureau Intermédiaire de Diftrict, qui les dif-
tribueront aux Affemblées Municipales, pour qu'ils foient mis en recouvrement. Par ce moyen, le taux uniforme reglé par l'Affemblée
Provinciale recevra plus ftrictement fon application. La dépenfe de la
confection d'un rôle particulier fera épargnée aux Affemblées Municipales , & cependant , chaque Contribuable demeurant dans une Paroiffe ,
payera fes impofitions dans la même Paroiffe, felon les intentions de
Sa Majefté.

Le nombre des triples expéditions des rôles qui avoient été prefcrites par l'article IV, fera infiniment diminué, d'après ce que Sa
Majefté aura ftatué définitivement fur l'article III ; ainfi , le bien &
l'économie à opérer fur cette difpofition , réfultera également du vœu
qui fera préfenté à Sa Majefté par l'Affemblée Générale.

Les précautions indiquées par l'art. V , ont pour objet de prévenir les divertiffemens des deniers ; fi l'exécution peut en paroître difficile dans les commencemens pour les petites Paroiffes , elle s'établira
fucceffivement par l'habitude & les Inftructions des Affemblées fupé-
rieures ; & les avantages en font fi frappans pour tous les contribuables,
que l'Affemblée Générale ne pourra trop exhorter les Affemblées Provinciales à ne négliger aucuns moyens auprès des Affemblées Municipales , pour affurer l'exacte obfervation de ces vérifications.

A l'égard des réparations ou reconftructions des nefs des Eglifes ou
des Presbyteres , dont il eft fait mention en l'article IX , lorfque ces
réparations feront demandées par l'Affemblée Municipale de la Paroiffe ,

elle s'adreſſera à l'Aſſemblée Provinciale ou à ſa Commiſſion Intermédiaire, qui nommera des Ingénieurs, ou ſous Ingénieurs de la Province,
pour dreſſer les devis & détails eſtimatifs.

Lorſque la demande ſera formée par une partie ſeulement des Habitans, ou par le Curé ſeul, le Mémoire ſera préſenté à la Commiſſion
Intermédiaire de la Province, qui le fera communiquer à l'Aſſemblée
Municipale; ſi l'Aſſemblée Municipale conſent aux reconſtructions ou
réparations demandées, le Bureau Intermédiaire chargera l'Ingénieur
de dreſſer le devis : s'il y a contradiction ou oppoſition de la part de
l'Aſſemblée Municipale, alors, dans le cas ou l'affaire ne pourroit être
terminée par la Commiſſion Intermédiaire, par voie de conciliation, elle
deviendroit contentieuſe, & la Commiſſion Intermédiaire renverroit
les parties à ſe pourvoir par-devant M. l'Intendant.

Avant ſon jugement, M. l'Intendant pourra nommer tel expert qu'il
jugera à propos pour conſtater l'état des lieux, & éclairer ſa religion;
mais, ſon jugement rendu, il commettra toujours, pour dreſſer les devis, un des Inſpecteurs ou Ingénieurs de la Province.

Les Ingénieurs, Inſpecteurs & ſous Ingénieurs, feront tous les devis
dont ils ſeront chargés ſans aucune rétribution particuliere pour aucune
de ces opérations, ce qui tournera au ſoulagement des Communautés,
ſauf aux Aſſemblées Provinciales à avoir égard dans la fixation des
traitemens de ces Ingénieurs, & des gratifications qui ſeront par elles
propoſées en leur faveur, au ſupplément de travail qui réſultera pour
eux de ces nouvelles occupations.

L'art. X ſera exécuté ſelon ſa forme & teneur : Sa Majeſté exhorte
ſeulement chacune des trois Aſſemblées Provinciales à compoſer dans
le Chef-lieu de la Province, un conſeil de deux ou trois Avocats au
plus, qui ſeront rétribués par la Province, & choiſis par l'Aſſemblée Provinciale; les Avocats qui compoſeroient ce Conſeil ne pourroient néanmoins être nommés par l'Aſſemblée, que pour deux ans au plus, ſauf
à les continuer pour deux autres années, & ainſi de ſuite, s'il y avoit
lieu, d'après le compte qui ſeroit rendu par la Commiſſion Intermédiaire, de leur exactitude & de l'utilité de leur travail pour les Communautés de la Province.

Les Communautés d'Habitants ſeroient tenues d'envoyer les pieces
& mémoires relatifs aux conteſtations dans leſquelles elles auroient intérêt, à la Commiſſion Intermédiaire Provinciale, qui les feroit examiner par leſdits Avocats, & leur conſultation, remiſe enſuite à la
Commiſſion Intermédiaire, ſera par elle renvoyée auxdites Communautés d'Habitants, pour être jointe à la requête que ces Communautés
pourroient alors préſenter à M. l'Intendant, pour obtenir de lui, s'il
le jugeoit convenable, la permiſſion de plaider : les Communautés d'Habitans ſeroient ainſi diſpenſées de ſe procurer la conſultation d'aucun
autre Avocat.

Par l'article XI, Sa Majeſté avoit autoriſé les Aſſemblées Municipales

pales à délibérer fur la fixation des traitements de leurs Syndics & de leurs Greffiers ; mais Sa Majefté defire que l'Affemblée Générale examine s'il ne feroit pas poffible de n'accorder aucun traitement fixe aux Syndics & Greffiers, fauf à leur allouer, à la fin de chaque année, les dépenfes qu'ils juftifieront avoir faites pour l'intérêt de la Communauté.

Les articles relatifs aux fonctions des Bureaux Intermédiaires. de Diftrict n'exigent point de plus grands développements.

Le Roi a ordonné par l'article premier, qu'il ne feroit fait aucune levée de deniers, qu'elle n'eût été préalablement ordonnée par fon Confeil, lorfque la dépenfe excéderoit cinq cents livres, ou par le Commiffaire départi, lorfqu'elle feroit au-deffous de cette fomme.

Sa Majefté voulant concilier avec ce qu'Elle doit à fon autorité, les témoignages de confiance qu'elle eft difpofée à accorder à fes Affemblées Provinciales, veut bien confentir à ce que les dépenfes qui feroient inférieures à cinq cents livres, foient impofées fur les Communautés, lorfqu'elles auront été approuvées par l'Affemblée Provinciale, ou fa Commiffion Intermédiaire, dont la délibération prife à cet effet, fera vifée par M. l'Intendant; mais l'intention de Sa Majefté eft que tous les fix mois, il foit adreffé au Confeil, par l'Affemblée Provinciale, un projet d'Arrêt, à l'effet de valider lefdites impofitions.

Les articles relatifs aux fonctions de l'Affemblée Générale, n'ont point paru exiger dans ce moment d'autres développements que ceux confignés dans les diverfes parties de cette Inftruction.

Les Commiffions Intermédiaires, Générale ou Provinciales, ne pouvant prendre aucune délibération contraire à ce qui leur aura été prefcrit par les Affemblées qu'elles repréfentent, & celles qu'elles prendroient ne pouvant être relatives qu'à l'exécution de celles de l'Affemblée, déjà connues du Confeil & de fon Commiffaire départi, ou à des dépenfes de circonftances imprevues, pour lefquelles l'autorifation de Sa Majefté, fur l'avis du fieur Intendant, eft néceffaire ; Sa Majefté difpenfe les Commiffions Intermédiaires de l'exécution de l'article VII.

Sa Majefté, en développant fes intentions fur l'exécution des articles VIII & IX, veut que M. l'Intendant & les Affemblées Générale & Provinciales, fe communiquent refpectivement tous les éclairciffements dont ils auront réciproquement befoin, pour le plus grand bien du fervice de Sa Majefté & celui de la Généralité ou de la Province. N'entendant au furplus, Sa Majefté, interdire aux Affemblées, les obfervations qu'elles eftimeroient utiles au bien de la Généralité ou de la Province, fur tous les objets précédemment autorifés, qui n'auroient point encore reçu leur entière exécution.

Lorfque les Commiffions Intermédiaires des Affemblées Générale ou

S

Provinciales, connoîtront plus particulierement les objets d'adminiftration qu'elles auront à traiter, elles feront à portée de reconnoître en
quoi confiftent les objets de correspondance courante & habituelle, qui
doivent être adreffés au Confeil, pour la plus grande célérité du fervice,
par la voie de M. l'Intendant.

Dans le cas où M. l'Intendant croiroit devoir préfenter au Confeil
des obfervations, dont la rédaction exigeroit quelque délai, il ne
pourra, par ce motif, retarder l'envoi des dépêches qui lui auront été
remifes par la Commiffion Intermédiaire, fauf à annoncer les obfervations ultérieures qu'il fe propofera d'envoyer.

Pour réfumer, la correspondance de forme, & celle qui a lieu
chaque année aux mêmes époques pour des opérations du département
& autres, aura lieu par la voie de M. l'Intendant ; les Commiffions
Intermédiaires répondront auffi à toutes les lettres qui leur auront
été écrites par les Miniftres de Sa Majefté, ou fes Intendans des Finances, par la voie de M. l'Intendant ; finon, elles lui feront remettre
des copies de leurs réponfes : à l'égard de toutes les lettres qu'elles
feroient dans le cas d'écrire les premieres, elles auront l'option de les
adreffer directement, ou par la voie de M. l'Intendant.

Relativement aux demandes formées par les Contribuables en matiere d'impofition & affaires contentieufes, l'intention de Sa Majefté
eft que les vingt-huit premiers articles de la troifieme Section du
Réglement du Confeil, du 6 Juin 1785, rendu pour la Province du
Berry, foient provifoirement exécutés felon leur forme & teneur.

Dans le cas où ils'exécuteroit, ainfi que l'avoit prévu l'art. XI, des ouvrages, partie fur les fonds du Roi, & partie fur les fonds de la Généralité,
Sa Majefté a confidéré que la furveillance de fon Commiffaire départi feroit
plus utile au bien de fon fervice, lorfque fon avis feroit poftérieur à la
délibération de la Commiffion Intermédiaire Générale ; en conféquence,
l'intention de Sa Majefté eft que fon Commiffaire départi ne prenne
point part aux délibérations qui feroient prifes par la Commiffion Intermédiaire Générale fur les ouvrages de ce genre, mais qu'aucune
de ces délibérations ne puiffe avoir fon effet, qu'après avoir été ho-
mologuée par lui, s'il y a lieu, & qu'enfin, toutes les Ordonnances
de paiements fur les fonds du Roi foient par lui délivrées, & enfuite
par lui renvoyées à la Commiffion Intermédiaire Générale, pour être
vifées par elle, & remifes à l'Adjudicataire. A l'égard des paiements fur
les fonds de la Généralité, ils auront lieu, comme il fera expliqué
ci-après, à l'article des Ponts & Chauffées.

Enfin, fur les articles XXV & XXVI, Sa Majefté veut pareillement
que les comptes foient examinés & vérifiés par la Commiffion Intermédiaire Générale, à laquelle M. l'Intendant n'affiftera point ; mais les
comptes lui feront enfuite remis, pour être par lui revifés, & clos
& arrêtés par fon Ordonnance.

TROISIÈME PARTIE.

IMPOSITIONS ORDINAIRES.

L'intention de Sa Majesté est que M. l'Intendant remette à l'Assemblée Générale, 1.º une copie du Brévet général de l'année prochaine 1788.

2.º Un tableau contenant la distribution, par Élection, de la Taille, des impositions accessoires de la Taille & de la Capitation taillable, ce qui compose le montant des Commissions expédiées pour les Impositions taillables; & le montant aussi, par Élection, de la Capitation des Nobles, Privilégiés, &c., pour laquelle il est formé des rôles qui sont arrêtés au Conseil; duquel tableau le total sera égal à celui des sommes portées au Brévet général.

3.º Une copie pour chaque Élection du Département de 1788.

4.º Un État qui fera connoître le montant des fonds appartenans à la Province, pour la dépense des ponts & chaussées, ledit état conforme à celui qui a été formé en exécution de l'article premier de l'Arrêt du Conseil du 6 Novembre 1786.

5.º Un État des sommes imposées, avec les impositions accessoires de la Taille, pour les dépenses à faire dans la Généralité, lesquelles sommes composent le fonds connu sous la dénomination *des fonds variables*, dans lequel état seront distinguées les dépenses militaires & autres relatives au service de Sa Majesté, qui paroîtront devoir continuer d'être à la disposition de M. l'Intendant.

6.º Un État des fonds qui font partie de la Capitation, & connus sous la dénomination *des fonds libres de la Capitation*, dans lesquels doivent pareillement être distingués les frais de Bureaux de l'Intendance, & autres dépenses de ce genre, qui devront continuer de dépendre de l'Administration de M. l'Intendant.

Si M. l'Intendant ne pouvoit remettre tous ces États à l'Assemblée, à l'ouverture de ses Séances, il les lui fera remettre dans les huit premiers jours de sa tenue.

D'après tous ces renseignemens, l'Assemblée Générale connoîtra la partie de la Généralité, sous le rapport des impositions, & sera à portée de connoître les bases actuelles de la répartition.

Elle recherchera les moyens de l'améliorer; fera les comparaisons qui lui paroîtront possibles d'Election à Election, & de Province à Province, & indiquera aux Assemblées Provinciales comment elles devront faire par elles-mêmes ou par leurs Commissions & Bureaux Intermédiaires de Districts, celles de Paroisse à Paroisse, pour perfectionner de plus en plus la répartition.

Elle examinera pareillement l'objet des contraintes relatives au recouvrement; recherchera les moyens de les simplifier ou de les adoucir, s'il y a lieu ; enfin, elle ne négligera rien, principalement en ce qui concerne la répartition des impofitions qui portent fur la claſſe la moins aiſée, pour ſéconder les vues dont Sa Majeſté eſt animée, pour qu'aucun de ſes ſujets ne paye dans une proportion plus forte que les autres contribuables.

QUATRIÈME PARTIE.

VINGTIÈMES.

Par ſon Edit du mois de Septembre dernier, le Roi a ordonné la perception de l'impofition des Vingtièmes dans toutes les Provinces de ſon Royaume, ſelon les véritables principes de cette impofition, établie par l'Edit de Mai 1749.

Par les diſpofitions de l'Edit de 1749, tous les biens-fonds du Royaume avoient été ſoumis à cette impofition, ſans aucune exception ; les appanages des Princes, & les domaines engagés y étoient aſſujettis. Ce n'eſt que poſtérieurement & par des actes particuliers d'Adminiſtration, que la forme & l'affiette de l'impofition ont varié à l'égard d'une partie des Contribuables.

Les circonſtances préſentes exigeant un ſupplément de revenus, Sa Majeſté a reconnu que l'impofition des Vingtiemes perçue d'une manière uniforme, offroit un moyen d'autant plus juſte de ſe le procurer, que ce moyen ne fera que rétablir la proportion de l'impofition à l'égard de ceux des propriétaires qui ne l'acquittoient qu'incomplettement, ſans qu'il en réſulte pour ceux qui payoient exactement les Vingtiemes & Quatre ſols pour livre du premier Vingtieme de leurs revenus, aucune eſpece d'augmentation.

Ainſi, l'Edit du mois de Septembre ne contient réellement de diſpofitions nouvelles que celles qui aſſujettiſſent auſſi à l'impofition des vingtiemes, le Domaine même de la Couronne, & font ceſſer les exceptions qui s'étoient introduites à l'égard de quelques propriétaires, & il ne contient rien, d'ailleurs, qui n'ait déjà été preſcrit par l'Edit de Mai 1749, & les Loix générales ſubſéquentes.

L'ordre à maintenir dans la rentrée des deniers Royaux, ne pouvant point permettre que l'arrêté des rôles de l'année prochaine 1788, ſoit différé au-delà de l'époque ordinaire du 1.er Janvier, il n'eut pas été poſſible, dans un intervalle de temps auſſi court, de terminer, avec les développements & détails néceſſaires, une opération générale, qui ne doit avoir rien de vague ni d'arbitraire. L'intention de Sa Majeſté eſt que tous les réſultats de ce travail portent ſur des baſes que les contribuables eux-mêmes ne puiſſent déſavouer. Elle veut que la plus grande publicité démontre avec évidence la juſteſſe & la préciſion des travaux qui feront faits en exécution de ſes ordres.

Sa Majesté a donc ordonné que, pour l'année 1788, les rôles des vingtiemes seroient faits provisoirement, pour être mis en recouvrement pendant les six premiers mois seulement, dans la proportion de moitié des cottes de 1787, en se réservant de faire expédier, pour être mis en recouvrement au 1.er Juillet 1788, un rôle définitif qui contiendra les cottes véritablement proportionnées aux revenus effectifs des biens qui y seront soumis, à la déduction des sommes qui auront été provisoirement payées en exécution du premier rôle.

Les détails mis sous les yeux de Sa Majesté l'ayant convaincue que la forme de répartition adoptée, quant à présent, par le Clergé pour celle du don gratuit, étoit avantageuse aux Curés & Ecclésiastiques pauvres, Sa Majesté a jugé de sa sagesse de ne point ôter au premier corps de l'Etat ses formes anciennes; mais elle veut que les revenus qui appartiennent au Clergé, soient aussi portés sur les rôles des vingtiemes, afin que, quoiqu'énoncés pour Mémoire seulement, on puisse, cependant, connoître la juste proportion de ce que ces biens pourroient payer à raison de leurs revenus, par comparaison avec les autres propriétés foncieres du Royaume, y compris ceux du propre Domaine de Sa Majesté.

C'est par l'effet de ces mesures que Sa sagesse lui a inspirées, que le Roi trouvera dans la perception des Vingtiemes les ressources qu'exigent les circonstances; mais l'intention de Sa Majesté n'est pas de refuser, à celles des Provinces de son Royaume qui le desireroient, les avantages qu'elles pourroient appercevoir dans une fixation déterminée de cette imposition, après les avoir mises à portée de connoître elles-mêmes la juste proportion dans laquelle elles seroient dans le cas d'y contribuer.

Mais, la faveur d'un abonnement ne pourra être accordée qu'à celles dont les offres seroient relatives à leurs véritables facultés, & correspondroient à la somme que le Roi retireroit de l'imposition, s'il jugeoit à propos de la faire percevoir en exécution de ses ordres.

Sa Majesté se portera d'autant plus volontiers à faire jouir les Provinces de son Royaume de cette faveur, que par l'effet de l'abonnement, les recherches qui seroient nécessaires n'auroient plus alors pour objet une augmentation de recette pour son Trésor Royal, mais, simplement, une justice plus exacte dans l'assiette de l'impôt, ce qui adouciroit, aux yeux des contribuables, ces mêmes recherches indispensables pour atteindre le but proposé.

Pour connoître qu'elle seroit la proportion dans laquelle chaque Province seroit tenue de contribuer aux produits de l'impôt, Sa Majesté s'est fait remettre 1.º l'Etat des Rôles de 1756; 2.º celui des Rôles de 1787; 3.º des Etats particuliers des travaux faits par l'administration des vingtiemes, & d'après lesquels les augmentations successives ont été opérées.

L'examen de ces différens états, a mis Sa Majesté à portée de juger par le produit des travaux faits, de celui qu'il étoit possible d'espérer par l'effet des travaux qui reſtent à faire ; & les calculs les plus exacts ; mais les plus modérés, ont fait connoître la quotité de la ſomme qui doit être acquittée par chaque Province, & qui doit être le prix de ſon abonnement.

D'après tous ces détails, M. l'Intendant fera connoître à l'Aſſemblée Générale que les Vingtièmes de la Généralité de Tours, perçus au profit de Sa Majeſté, ont été eſtimés devoir produire au moins la ſomme de *quatre millions cent vingt-cinq mille livres*, ſauf à tenir compte à la Province de celle de *huit cents dix mille livres*, qui a paru pouvoir être à la charge des Eccléſiaſtiques.

Si le vœu de l'Aſſemblée étoit de ſolliciter un abonnement de pareille ſomme, & qu'elle eût pris une Délibération à cet effet, cette délibération ſera envoyée au Conſeil par le Préſident de l'Aſſemblée, & , lorſque l'abonnement aura été accordé par le Roi, M. l'Intendant donnera ordre au Directeur des vingtiemes, de remettre à l'Aſſemblée tous les renſeignements qui auront ſervi de baſe à la quotité de l'impoſition, & de prendre les ordres de l'Aſſemblée qui ſera alors chargée de la répartition de la ſomme à laquelle le Roi aura fixé l'abonnement; en énonçant le vœu d'obtenir un abonnement, l'Aſſemblée générale pourra adreſſer à Sa Majeſté & à ſon Conſeil tels Mémoires & calculs qu'elle croira devoir préſenter, à l'effet d'obtenir une modération ſur la ſomme annoncée; & le Roi, après le compte qui lui en ſera rendu en ſon Conſeil, y aura tel égard que Sa Majeſté jugera convenable; mais l'intention de Sa Majeſté eſt que l'aſſemblée remette un double deſdites obſervations à M. l'Intendant, & qu'elle envoye ſa délibération aſſez-tôt pour que Sa Majeſté puiſſe lui faire connoître ſes intentions définitives avant la ſéparation.

Dans le cas où l'Aſſemblée ne ſe détermineroit pas à demander au Roi l'abonnement des vingtiemes, M. l'Intendant annoncera à l'Aſſemblée que Sa Majeſté donnera les ordres néceſſaires pour que les Rôles ſoient faits en la maniere accoutumée, & il l'aſſurera d'ailleurs qu'il ſera pris les précautions les plus poſitives, 1.º pour que les cottes qui auront été réglées par l'effet des vérifications générales faites avant 1787, ne puiſſent être augmentées pendant la durée de vingt années poſtérieures à celle dans laquelle chacune deſdites vérifications générales auroit été miſe en recouvrement ; 2.º pour que les Propriétaires, dont les taxes ſe trouveront dans le cas d'être augmentées, ne ſoient en aucun cas expoſés à payer au-delà des deux vingtiemes & quatre ſols pour livre du premier, de leurs revenus effectifs, aux déductions portées par les Loix & Réglements.

CINQUIEME PARTIE.

PONTS ET CHAUSSÉES.

Sa Majesté a déja fait connoître , par son Edit du mois de Juin 1787 & par sa Déclaration du 27 du même mois, que son intention étoit de confier aux Assemblées établies dans chaque Province & Généralité , tout ce qui étoit relatif à la confection & entretien des routes & autres ouvrages en dépendans , & qu'elles en fussent chargées à compter de 1788.

Jusqu'à présent , dans les Provinces & Généralités où Sa Majesté vient d'établir ces Assemblées , & même dans celles du Berry & de la haute Guyenne , la dépense des travaux des routes avoit été regardée comme une dette commune, qui devoit être acquittée par toute la Généralité , & répartie sur les contribuables dans une proportion uniforme ; mais une des principales vues de Sa Majesté seroit que désormais ces Assemblées considéraffent toujours les routes à ouvrir , perfectionner & entretenir , sous le rapport de l'intérêt plus ou moins direct qu'ont à ces routes les Communautés, les Provinces ou la Généralité, qui doivent en supporter la dépense.

De ce principe, fondé en raison & justice, découleroient des distinctions également justes pour la distribution du payement de la dépense entre les parties intéressées , suivant la mesure de l'intérêt qu'elles auroient à l'exécution de tel ou tel ouvrage.

Ainsi, par exemple, un chemin qui ne s'étend que sur le territoire d'une seule Ville, ou d'une seule Communauté, & qui a uniquement pour objet de lui procurer une communication avec une route plus importante pour le débouché de ses productions , doit être à la charge de cette Ville ou Communauté seulement.

Tel autre chemin intéresse quatre ou cinq Communautés, s'il traverse le territoire de ces quatre ou cinq Communautés, & est pour elles un débouché commun.

S'agit-il d'une route qui traverse tout un District ? Cette route doit être considérée comme appartenant à tout le District, puisque par ses enbranchements, elle doit vivifier la totalité ou une très-grande partie de son étendue.

Cette route intéressera deux ou trois Districts , ou une seule Province , si elle est tellement dirigée qu'elle ne soit utile qu'à ces deux ou trois Districts ou à cette seule Province.

Enfin, dans toutes les autres suppositions , les routes doivent appartenir à toute la Généralité.

Ces distinctions étant ainsi posées & bien établies , elles serviroient , pour ainsi dire , de poids & de mesure pour régler la contribution à la dépense.

Ainfi, une Communauté, dans la premiere des fuppofitions précédemment expliquées, ou quatre ou cinq Communautés dans la feconde, payeroient à elles feules un chemin qui n'intérefferoit qu'elles
feules.

Dans le cas où une route intérefferoit tout un Diftrict, d'abord, la
Ville ou la Communauté, ou les quatre ou cinq Communautés, fur le
territoire defquelles s'exécuteroient les ouvrages, n'y contribueroient
que jufqu'à concurrence de la fomme fixe qui feroit réglée pour chaque
Paroiffe, ou, ce qui feroit peut-être préférable, que jufqu'à concurrence d'une portion déterminée de leurs impofitions foncieres, comme
feroit, le quart, le cinquieme, le fixieme, &c., ainfi que le propofe-
roient les Affemblées Provinciales : cette premiere contribution de la
part de la Communauté ou des Communautés plus directement intéref-
fées, étant ainfi prélevée fur le montant de la dépenfe, le furplus feroit
réparti fur tout le Diftrict par un marc la livre uniforme ; &, par l'effet
de ce marc la livre général, les Communautés qui auroient déjà eu à
fournir leur contingent particulier, contribueroient encore dans la répartition générale, mais d'une contribution infiniment plus foible.

Les mêmes regles, les mêmes formes feroient obfervées dans les autres cas, où feulement une route intérefferoit, non feulement un Diftrict, mais
plufieurs, ou bien non feulement plufieurs Diftricts, mais toute la
Province, ou non feulement une feule Province, mais toute la
Généralité.

Tout ce qui vient d'être expliqué pour les chemins & les routes auroit fon application pour les Acqueducs, Pontceaux, Ponts, Canaux, &c.

Enfin, fi un pont ou une digue ou un canal qui feroit entrepris
dans la Généralité avoit un caractere d'utilité qui pût faire regarder cet
ouvrage comme intéreffant plufieurs Provinces ou tout le Royaume,
& que la dépenfe en excédât une proportion quelconque déterminée
par Sa Majefté, d'après le montant des impofitions foncieres de la Généralité, Sa Majefté confentiroit fur la demande de l'Affemblée, à y
contribuer pour le furplus.

Une derniere obfervation effentielle, c'eft que dans le cas où une Affemblée fupérieure fe chargeroit de fuppléer au contingent d'une Communauté inférieure, alors cette Affemblée fupérieure feroit chargée de
la furveillance & direction de l'ouvrage, comme s'il étoit le fien propre.

Sa Majefté defire que l'Affemblée générale des trois Provinces de la
Généralité de Tours, convoquée par fes ordres, s'occupe de ces vues,
qu'elle avife aux moyens de les réalifer, & qu'elle en faffe l'objet de
fes délibérations pendant la prochaine tenue ; Sa Majefté fera examiner
les délibérations qui feront prifes fur cet objet par l'Affemblée, & lui
fera connoître fes intentions pour 1789.

Mais, pour l'année 1788, l'Affemblée Générale s'occupera provifoirement

foirement de la confeﬁion des routes & de tous les travaux y relatifs dans toute la Généralité , fuivant l'ufage qui , dans les Aﬂemblées Provinciales déjà exiﬂantes en Berry & en Haute-Guyenne , mettoit tous les travaux quelconques à la charge de l'univerſalité de la Généralité , la feule exception des dépenſes de Communautés purement locales , & , pour que l'Aﬂemblée générale puiﬂe fe mettre fur le champ en aﬁivité , conformément au régime du Berry & de la Haute-Guyenne , telles ſont les intentions de Sa Majeﬂé.

1.º L'Aﬂemblée Générale & les Aﬂemblées Provinciales , ou leurs Commiﬂions Intermédiaires auront fous leurs ordres immédiats les Ingénieurs , Inſpeﬁeurs , fous - Ingénieurs & Eleves détachés des Ponts & Chauﬂées. Elles leur preſcriront ce qu'elles jugeront convenable pour la rédaﬁion des projets des travaux à exécuter , & pour la ſuite & exécution de ces travaux. Elles rendront compte de leurs ſervices au Contrôleur-Général des Finances ; enfin , les gratifications qui devront leur être accordées feront réglées fur leurs propoſitions.

2.º Indépendamment deſdits Ingénieurs , Inſpeﬁeurs , Sous - Ingénieurs & Eleves , chaque Aﬂemblée Provinciale pourra établir des Conduﬁeurs ou Piqueurs à fa nomination , par-tout où elle le croira néceﬂaire , & elle pourra les deﬂituer en cas de mécontement.

3.º Les Ingénieurs feront chargés de la rédaﬁion des projets de tous les ouvrages quelconques à exécuter dans les trois Provinces dont la dépenſe devra être à la charge de la Généralité , ou d'aucune deſdites Provinces, ou des Villes & Communautés.

4.º Sa Majeﬂé a donné les ordres néceﬂaires pour que les Départements particuliers des Inſpeﬁeurs & Sous - Ingénieurs fuﬂent diſtribués de maniere qu'ils correſpondiﬂent à telle ou telle Province. Mais l'Ingénieur en chef de la Généralité fera toujours le point de réunion de tout le travail , & , tous les projets dreﬂés par les Inſpeﬁeurs & Sous - Ingénieurs , reviſés par lui , avant d'être mis ſous les yeux , ſoit des Aﬂemblées Provinciales , ſoit de l'Aﬂemblée Générale.

5.º Le travail de l'Ingénieur en chef ne conſiﬂera point uniquement dans l'examen des projets faits par les Inſpeﬁeurs & Sous-Ingénieurs , & l'Ingénieur en chef devant perſonnellement s'occuper des projets & de l'exécution des grands travaux , qui par leur importance & les difficultés à furmonter , exigent les lumières & la ſageﬂe de l'expérience , & un talent plus conſommé ; l'Ingénieur en chef , chargé d'un travail de cette nature , fera , pour la ſuite de ce travail , immédiatement ſous les ordres de l'Aﬂemblée Générale , ſi la dépenſe doit en être payée par toute la Généralité , ou ſous les ordres immédiats de celle des Aﬂemblées Provinciales qui aura délibéré ces ouvrages , & qui les fera exécuter au compte de la Province.

6.º L'Aﬂemblée Générale fe fera remettre par l'Ingénieur en chef, pendant le cours de ſes Séances , une carte de la Généralité , indicative

T

des départemens actuels de chaque inspecteur ou Sous-Ingénieur, des routes entièrement finies , & mises à l'entretien, de celles qui sont à perfectionner , de celles récemment ouvertes ou seulement projettées , & enfin des ouvrages d'art y relatifs. Elle se fera d'ailleurs remettre tous les autres détails & renseignemens nécessaires pour bien connoître la situation actuelle de la Généralité sur l'objet des communications.

7.° D'après ces détails & renseignemens , l'Assemblée Générale s'occupera de former un tableau indicatif des routes déja terminées ou entreprises , qui , par la nature de leur direction ou de leur utilité, devront , dès ce moment , être regardées comme appartenantes à toute la Généralité ou à telle ou telle des trois Provinces.

8.° Pour les travaux à exécuter pendant l'année 1788 , l'Assemblée Générale , qui vient d'être convoquée par les ordres de Sa Majesté , délibérera sur tous les travaux qui devront être exécutés pendant ladite année 1788 , nonobstant la division de la nature des travaux indiqués par l'article précédent , qui n'aura d'effet qu'à compter de la prochaine convocation des trois Assemblées Provinciales. En conséquence, pour 1788 , l'Assemblée Générale reglera le nombre , la distribution & l'emplacement des atteliers , qui seront divisés autant qu'elle le croira possible & convenable.

9.° L'Ingénieur en chef ou les Inspecteurs & Sous-Ingénieurs , d'après les Instructions qu'elle leur transmettra, s'occuperont en conséquence de rédiger avec tout le soin & la diligence possibles , les projets nécessaires. Tous ces projets rassemblés & examinés par l'Ingénieur en chef , seront par lui présentés à l'Assemblée générale , ou à sa Commission Intermédiaire avant le 15 Décembre prochain.

10.° La Commission Intermédiaire générale adressera tous ces projets , plans & devis au Contrôleur-Général des Finances , avant le 15 Janvier 1788 , pour être examinés au Conseil, & approuvés dans la forme ordinaire.

11.° En conséquence , Sa Majesté recommande spécialement à l'Assemblée générale , convoquée par ses ordres , de s'occuper, dès ses premieres séances , de tout ce qui sera relatif à la forme de répartition , quotité & versement de la contribution des chemins , de considérer cet objet comme un des points les plus importants de ses délibérations , & de présenter à cet égard un vœu précis pour l'année 1788.

12.° Lorsque , sur la délibération de l'Assemblée générale , le Roi aura fait connoître ses intentions & approuvé les projets, plans & devis, la Commission Intermédiaire de l'Assemblée générale procédera par elle-même , ou par les Commissions Intermédiaires Provinciales qu'elle aura déléguées à cet effet, aux adjudications des travaux compris dans la classe de ceux qui intéressent toute la Généralité : A l'égard de ceux qui seroient dans la classe des travaux qui n'intéressent qu'une seule Province , chaque Commission Intermédiaire Provinciale ou les Bureaux Intermédiaires de Diftricts par elle délégués à cet effet, procéderont aux adjudications defdits travaux : Enfin, pour 1788, tous les Procès-verbaux d'adjudication feront remis & dépofés au Greffe de la Commiſſion Intermédiaire Générale.

13.º Les adjudications des travaux de chaque attelier fe feront à celui ou à ceux qui feront la condition meilleure, à la charge par les Adjudicataires d'exécuter ponctuellement les devis fans s'en écarter, fous quelque prétexte que ce foit, de renoncer à toute forte d'indemnité, pour raifon des cas fortuits ou autre caufe, & de ne recevoir aucune fomme par forme d'avance, ou à compte, que les travaux ne foient commencés.

14.º Nul ne pourra fe préfenter pour les travaux, ni même être admis à faire des offres, s'il n'eſt reconnu capable & folvable, au jugement de la Commiſſion Intermédiaire, qui jugera pareillement de la ſolvabilité de fa caution.

15.º Les adjudications feront annonceés quinze jours à l'avance, par des affiches & publications dans les Paroiffes, afin que les Affemblées Municipales prennent connoiffance des travaux des atteliers, que leurs Syndics foient à portée de les indiquer aux différents Entrepreneurs de leur canton, & de procurer ainfi, pour l'intérêt commun, les moyens d'obtenir les foumiſſions les plus avantageufes. Les mêmes affiches indiqueront dans quel lieu les Entrepreneurs, difpofés à fe préfenter à l'adjudication, pourront prendre connoiffance au moins huit jours à l'avance, des devis & claufes de ladite adjudication ; enfin, les adjudications feront faites publiquement au jour indiqué

16.º Le total des différens devis ne devant point s'élever au-delà du montant total de la fomme à laquelle la contribution fera fixée, l'intention de Sa Majefté eft que l'Affemblée Générale prévoie le cas où le rabais des adjudications, fur le montant de l'eftimation des devis, produiroit des revenans-bons, pour avifer à la maniere dont fera appliqué l'objet defdits rabais, foit en diminution du contingent des Communautés appellées à l'adjudication qui aura procuré ledit érabais, foit en fupplément d'ouvrages dans la même année ; à moins que ladite affemblée ne juge plus convenable de tenir ces fonds en réferve pour l'année fuivante.

17.º Dans le cas où il y auroit néceſſité & utilité de faire quelques changements dans l'exécution des devis, il en fera rendu compte à la Commiſſion Intermédiaire générale ou Provinciale, fuivant la diftinction établie par les adjudications ; par l'Ingénieur en chef, & aucun changement ne pourra être fait qu'en vertu des ordres par écrit defdites Commiſſions Intermédiaires Générale ou Provinciales.

18.º Les travaux feront fuivis par l'Ingénieur en chef de la Généralité, & les Infpecteurs & Sous-Ingénieurs, &, à cet effet, les divers atteliers par eux vifités le plus fouvent qu'il fera poffible.

19.º Sa Majefté autorife la feule Commiffion Intermédiaire générale pour l'année 1788 à délivrer des mandats d'acompte, au profit des Adjudicataires, jufqu'à concurrence des deux tiers pour les ouvrages d'art, & des quatre cinquiemes pour les travaux des routes.

20.º Les mandats d'acompte ne feront délivrés par la Commiffion Intermédiaire Générale aux Adjudicataires qu'au fur & à mefure de l'avancement des ouvrages, & lorfqu'elle fera affurée, ou les Commiffions Intermédiaires Provinciales, de leurs progrès par les certificats de l'Ingénieur en chef ou des Sous-Ingénieurs, ou enfin, en leur abfence, des conducteurs des ouvrages.

21.º Il fera procédé à la réception des ouvrages par la Commiffion Intermédiaire générale, ou par les Commiffions Intermédiaires Provinciales, fuivant les diftinctions exprimées ci-deffus à l'article des adjudications, au jour qui fera indiqué par elles, par les Bureaux Intermédiaires de Diftrict qui auroient été délégués à cet effet. L'Ingénieur en chef, ou les Sous-Ingénieurs, fe tranfporteront à cet effet fur les routes, & y feront faire, aux frais des Entrepreneurs, en préfence de tels des Membres de la Commiffion ou des Bureaux Intermédiaires qui pourront être délégués à cet effet, les fondes qui feront néceffaires pour s'affurer de la bonne conftruction, & de la qualité des matériaux, conformément au devis. Lefdits Ingénieurs en drefferont leur rapport pour mettre les Commiffions Intermédiaires Générale ou Provinciales, ou les Bureaux Intermédiaires, à portée de faire ladite réception, dont le Procès-verbal, pour chaque attelier, fera dépofé au Greffe de l'Affemblée Générale pour 1788.

22.º Au fur & à mefure que lefdits Procès-verbaux feront clos & arrêtés, la Commiffion Intermédiaire Générale en enverra des extraits fignés d'elle à M. l'Intendant, avec un bordereau détaillé des mandats d'acompte par elle expédiés, jufqu'à concurrence des deux tiers, ou des quatre cinquiemes. M. l'Intendant, fur le vu de ces deux pieces, expédiera, pour chaque attelier, une ordonnance finale, par laquelle validant tous les payements d'acompte faits en vertu des mandats de la Commiffion Intermédiaire Générale, qu'il rappellera & détaillera dans fes ordonnances, il ordonnera le payement du dernier tiers, ou du dernier cinquieme qui reftera dû fur le prix de l'adjudication.

Ladite ordonnance finale pour chaque attelier, remife enfuite par M. l'Intendant à la Commiffion Intermédiaire Générale, fera vifée par elle & délivrée à l'Adjudicataire.

L'Affemblée Générale des trois Provinces de la Généralité de Tours, après avoir entendu les intentions du Roi fur divers objets détaillés dans les inftructions que Sa Majefté a fait adreffer à fon Commiffaire pour lui être notifiées, fentira qu'elle doit la plus vive reconnoiffance aux témoignages de confiance dont l'honore Sa Majefté, en voulant bien être éclairée, par fon zele, fur le foin qui lui eft le plus cher, celui d'améliorer de plus en plus le fort de fes peuples.

Animée du defir de feconder fes intentions paternelles, l'Affemblée ne perdra jamais de vue l'importance & l'étendue des travaux qui doivent l'occuper, & jamais elle n'oubliera qu'elle s'eft impofée deux devoirs effentiels & facrés, en contractant la double obligation de juftifier la confiance du Roi, & de répondre aux vœux & aux efpérances de fes Peuples.

D'après les ordres du Roi.

9 Novembre 1787. *Signé* LAMBERT.

Pour Copie, D'AINE.

SIXIEME PARTIE.

Remife poftérieurement par M. le Commiffaire du Roi.

AGRICULTURE ET BIEN PUBLIC.

SA MAJESTÉ, depuis fon avénement au Trône, n'a ceffé de donner des preuves de la protection qu'Elle accorde à tout ce qui concerne l'Agriculture, perfuadée que c'eft dans cette fource de productions toujours renaiffantes, que réfide la force de l'Etat, & qu'elle eft la principale bafe de la profpérité publique.

Un des plus grands bienfaits que S. M. pût procurer à l'Agriculture, étoit l'abolition de la corvée : elle n'exifte plus, & la preftation qui la remplace, a le double avantage de ne plus arracher aux travaux de la campagne, les bras qui leur étoient néceffaires, & de les occuper, en les falariant, pendant la faifon où ils étoient en grande partie défœuvrés.

En même tems Sa Majefté a voulu affurer au cultivateur & au propriétaire la libre difpofition des productions qu'ils auroient fait naître. La circulation des grains eft libre dans tout le royaume ; & le vœu des Notables fecondant les vues que lui avoit infpirées fa fageffe, Sa Majefté a permis par fa Déclaration du 17 Juin dernier, la libre exportation des grains à l'Étranger, en fe réfervant de ne la fufpendre que dans les circonftances où les Etats & Affemblées provinciales croiroient indifpenfable de demander cette fufpenfion.

Enfin, en méditant & préparant ces deux loix qui feront les fondemens de la profpérité de l'Agriculture, Sa Majefté encourageoit & facilitoit tous les moyens d'en accélérer les progrès. Des Inftructions ont été publiées, des graines diftribuées, & de nouvelles cultures introduites dans les provinces où elles avoient été jufqu'alors inconnues.

Mais les vues qui ont déterminé Sa Majefté à établir des Affemblées provinciales dans les différentes provinces de fon royaume, ne feroient point complétement remplies, fi leur établiffement ne devenoit point une époque précieufe pour les cultivateurs. Aucune difpofition ne peut être faite , aucune entreprife ne peut être formée en adminiftration , qu'elle n'influe fur l'Agriculture : l'inégalité dans la diftribution des impôts , lui ôte fon reffort & fon énergie ; elle fe ranime , lorfque le fardeau eft diftribué avec juftice & avec proportion : l'ouverture d'une route ou d'un canal de navigation peut tripler & quadrupler la valeur territoriale de tout un canton ou d'une province entière ; ainfi l'Agriculture fouffre de tous les abus ; ainfi elle profite de tout le bien que l'on opere.

Les Affemblées provinciales que Sa Majefté vient d'établir faifiront tous ces rapports ; elles fentiront d'ailleurs que le moyen le plus naturel d'alléger les charges publiques , eft d'augmenter la richeffe territoriale , & elles dirigeront vers ce but une partie de leurs foins & de leur activité.

Plufieurs objets peuvent donc fixer leur attention relativement à l'Agriculture.

Engrais.

En comparant les différentes provinces du royaume , foit entre elles , foit avec celles des royaumes voifins où la culture eft plus floriffante , on doit croire que fi les récoltes font médiocres , même dans des terreins fertils , fi les effais qu'on a faits pour tirer partie des jachères ont été infruétueux , fi enfin les nouvelles cultures qu'on a cherché à y introduire n'ont pas eu tout le fuccès dont on s'étoit flatté , c'eft au défaut de fumier & d'engrais qu'on doit principalement en attribuer la caufe ; & ce defaut d'engrais annonce l'infuffifance du nombre des beftiaux.

Beftiaux.

Les Affemblées provinciales doivent donc s'occuper des moyens d'introduire dans les campagnes un fyftème de culture propre à les augmenter : avant de chercher à les multiplier , il faut affurer leur fubfiftance.

Prairies artificielles.

Un des principaux moyens pour y parvenir , eft la formation de prairies artificielles ; & il eft à defirer que les Affemblées provinciales s'attachent à favorifer ce genre de culture. Indépendamment des inftructions qu'elles peuvent publier , des diftributions gratuites de graines , au moins fous la forme de prêt , feroient un grand encouragement : enfin pour mieux lier l'intérêt de multiplier le nombre des beftiaux avec celui d'augmenter les pâturages , les Affemblées provinciales pourroient propofer des gratifications en beftiaux aux cultivateurs qui auroient établi fur leur exploitation , & mis en bon rapport , un certain nombre d'arpens de prairies artificielles.

Turneps , &c.

Les turneps , les betteraves champêtres & les pommes de terre cultivées en plein champ & à la quantité de plufieurs arpens , fourniffent encore une reffource également précieufe pour la fubfiftance des animaux pendant l'hiver.

(151)

M. l'Intendant remettra à l'Affemblée un exemplaire des Inftructions que Sa Majefté a fait rédiger & publier fur ces différens objets : peut-être ne font-elles point applicables à tous les fols & à tous les climats ; mais elles mettront fur la voie les cultivateurs des différentes provinces, qui en modifieront les procédés d'après les circonftaeces locales & leurs obfervations.

Un autre moyen de multiplier les engrais fans augmenter la confom-fommation de paille, eft de faire parquer les bêtes à laine ; & c'eft l'objet d'une autre Inftruction rédigée par les ordres de Sa Majefté en 1785.

Parcage des Troupeaux.

Les Affemblées Provinciales, en s'occupant de la multiplication des beftiaux, confidérés comme un moyen de produire des engrais, ne doi-vent point perdre de vue tout ce qui peut contribuer à en perfectionner les races, fur-tout celles des bêtes à laine. Le mâle influe néceffaire-ment fur la qualité de la laine de tout le troupeau : ainfi pour améliorer en peu de temps les laines d'une province, il ne s'agit que d'en chan-ger les béliers : on y parviendroit plus promptement par l'acquifition de béliers étrangers que l'on diftribueroit aux cultivateurs les plus in-telligens ; on le peut encore à moins de frais, en choififfant conftam-ment dans des races originairement médiocres, les plus beaux individus pour les renouveler.

Laines.

Les beftiaux peuvent encore être confidérés fous un autre point de vue par les Affemblées provinciales : ils partagent avec les hommes le travail de la culture des terres, & fous ce rapport, les Affemblées pro-vinciales auroient à examiner fi dans telle partie de la province, la cul-ture avec les chevaux, ou réciproquement celle avec les bœufs, ne feroit pas préférable, & fi les ufages fuivis à cet égard font bien adaptés à la nature du fol & aux circonftances locales.

Beftiaux aratoires.

Un grand nombre d'autres pratiques particulieres paroiffent indiffé-rentes au premier coup-d'œil, qui influent cependant fur le fyftême d'agriculture de toute une province. En Flandre, dans une partie de la Picardie, en Suiffe, on laboure, on feme à plat les blés comme les avoines, on les recouvre à la herfe, on les roule & l'on peut enfuite les récolter à la faux, comme on le pratique généralement en Flandre.
On y gagne plus de célérité pour les travaux des fémailles & pour ceux des récoltes, l'avantage de faifir les bons momens, une économie dans les frais, plus de fûreté pour la rentrée des grains, une plus grande longueur de paille, & le produit de la partie du terrein qui, lorfqu'on le laboure en planches, forme le fond d'un fillon, & par conféquent ne produit rien.
Cet objet femble mériter d'occuper les Affemblées provinciales, & elles pourront rechercher s'il n'eft pas préférable de labourer à plat ou

Labour.

en planches très-furbaiſſées, & très-larges, au moins les terres deſti-nées à recevoir les avoines ; ſauf à creuſer en même-temps des rigoles ſuffiſamment profondes & bien entendues, pour ménager l'écoulement des eaux dans les cantons humides.

Carie ou Noir.

Depuis pluſieurs années, les fromens ont été attaqués dans une grande partie des provinces de France, d'une maladie qui eſt connue ſous le nom de *Carie* ou de *Noir*, & dont il eſt aiſé de les garantir par le choix & par la préparation des ſemences Si l'on ne connoît pas parfaitement la cauſe & l'origine de cette maladie, les expériences qui ont été faites ſemblent ne plus permettre de douter qu'elle ne ſoit contagieuſe.

Le chaulage du blé deſtiné à être ſemé n'eſt pas toujours un pré-ſervatif efficace contre cette maladie ; mais on la prévient par les pro-cédés indiqués dans l'Inſtruction dont Sa Majeſté a déjà fait adreſſer des exemplaires aux Commiſſions intermédiaires des Aſſemblées provin-ciales.

Granges & meules.

Il ſeroit encore important que les Aſſemblées provinciales s'occu-paſſent de rechercher & de vérifier avec ſoin, ſi l'uſage de reſſerrer dans les granges les blés auſſi-tôt qu'ils viennent d'être coupés, eſt réel-lement préférable à celui de les laiſſer en meules arrangées avec ſoin. Ce dernier moyen, s'il pouvoit être plus géneralement adopté, ſeroit favorable à la diminution des avances néceſſaires de la culture, en n'obligeant point les propriétaires à des conſtructions de bâtimens auſſi étendus, & en diminuant dès-lors les frais de réparations. D'un autre côté, le cultivateur tranquille ſur la conſervation de ſa récolte ainſi miſe en meule avec précaution, ne feroit plus battre ſon blé avec pré-cipitation, comme il le fait aujourd'hui, lorſque ſa grange eſt inſuffi-ſante, dans la vue de le vendre ſur le champ, ou de le reſſerrer plus promptement dans ſes greniers. Le blé acquerroit peut-être plus de perfection, en reſtant plus long-tems dans la paille ; la paille elle-même ſe conſerveroit peut-être mieux, & fourniroit aux beſtiaux de meilleurs fourrages.

Mouture des grains.

Enfin la mouture du blé peut mériter également l'attention des Aſſem-blées provinciales. Dans beaucoup de provinces, il y a peu de moulins bien conſtruits : le grain fort de deſſous la meule ſans être ſuffiſam-ment moulu, & le blutage ne ſépare qu'une portion de la farine, dont plus d'un ſixieme reſte uni au ſon & paſſe à la nourriture des animaux ; perte inappréciable, & dont l'objet, s'il pouvoit être calculé, pré-ſenteroit un réſultat affligeant.

Chanvres & lins.

Quoique pluſieurs provinces du royaume ſoient auſſi propres qu'au-cun autre climat à la culture du chanvre & du lin, cependant cette cul-ture n'eſt point auſſi étendue qu'elle pourroit l'être. D'un autre côté, quelques

quelques contrées des États voisins semblent s'être approprié la fabrication & le commerce des toiles légeres, & repouffent, pour ainsi dire, les fabricans François des marchés d'Italie, d'Espagne & d'Amérique, en se contentant d'un prix modique. Cependant cette fabrique pourroit convenir à plusieurs provinces du royaume, & il feroit intéreffant d'y rappeller une branche d'induftrie, que la France a poffédée autrefois prefque exclufivement, & qui fourniffoit la matiere d'un commerce extérieur très étendu. Cette induftrie répandue dans les campagnes, infpireroit au peuple l'amour du travail, & lui feroit mettre à profit les faifons perdues pour l'Agriculture.

Sa Majefté defire que l'Affemblée Générale des trois Provinces de la Généralité de Tours s'occupe de ces différens objets, & de tous ceux du même genre qui lui paroîtront tendre au progrès de l'Agriculture & à l'amélioration du fort des cultivateurs & des habitans des campagnes.

Elle paroît devoir s'attacher principalement, dans ces premiers momens, à bien conftater l'état actuel de l'Agriculture dans toute l'étendue de la Généralité, des differens genres de productions cultivées jufqu'à ce jour, & de la diverfité des procédés, & à indiquer au Gouvernement les abus & les obftacles qu'il paroît plus inftant de faire ceffer, & les moyens les plus fûrs & les plus prompts d'y pourvoir.

C'eft dans la Généralité même qu'elle doit chercher & indiquer, s'il en exifte, les bons procédés à imiter; il faut bien fe défendre de heurter trop directement la routine & l'habitude des gens de la campagne, qui répugnent prefque toujours à de nouvelles méthodes : on ne les amene à pratiquer ce qui leur eft plus utile, que par la perfuafion, & on ne les perfuade que par les yeux. C'eft donc aux riches propriétaires à donner l'exemple ; leurs leçons feront plus utiles, quand leurs effais préfenteront des réfultats, & ils jouiront ainfi du double avantage d'accroître leur aifance perfonnelle, en devenant les bienfaiteurs de leurs concitoyens.

Il eft un autre objet également digne de la follicitude de Sa Majefté & des fentimens d'humanité qui doivent animer les Affemblées provinciales, ce font les foins relatifs à la confervation des hommes. *Confervation des hommes.*

Sa Majefté charge fon Commiffaire du Roi de remettre à l'Affemblée Générale, trois exemplaires d'un Ouvrage compofé par fes ordres, fur les moyens de fecourir les perfonnes noyées, celles qui ont été fuffoquées par des vapeurs méphétiques, telles que celles du charbon, du vin, des mines, &c. les enfans qui paroiffent morts en naiffant, les perfonnes qui ont été mordues par des animaux enragés, & enfin celles qui ont été empoifonnées.

Le nombre d'exemplaires de cet ouvrage que les Affemblées provinciales pourront defirer, leur fera délivré gratuitement à Paris, d'après les ordres du Contrôleur général des finances.

V

M. l'Intendant remettra en même tems des extraits de cet ouvrage ; imprimé de manière à pouvoir être facilement répandus & distribués dans toute la Généralité ; & enfin des exemplaires du même extrait imprimé en placard, & qu'il seroit peut-être avantageux de faire afficher dans le lieu qui sera destiné, dans chaque village, aux séances de l'Assemblée municipale.

M. l'Intendant recommandera à l'Assemblée Générale, au nom de Sa Majesté, de transmettre les différens détails & les vues de bien public, indiquées par la présente Instruction, aux Assemblées de Touraine, d'Anjou & du Maine, & de prescrire spécialement aux Commissions & Bureaux Intermédiaires, d'apporter toute leur attention & leurs soins à des objets si dignes d'exciter l'intérêt général, par leurs rapports intimes avec l'aisance & la félicité publique.

DEUXIEME INSTRUCTION

REMISE par M. le Commissaire du Roi à la Commission Intermédiaire, après la séparation de l'Assemblée Générale, & imprimée d'après les Ordres de Sa Majesté. *

SA MAJESTÉ, après avoir examiné attentivement la Délibration de l'Assemblée Générale des trois Provinces de la Généralité de Tours, relativement à l'abonnement des Vingtièmes, charge son Commissaire à cette Assemblée de lui faire connoître ses intentions.

Les premiers motifs présentés par l'Assemblée Générale, pour ne point proposer un abonnement, sont, qu'elle n'a pas encore une connoissance exacte de la masse des impositions perçues dans la Généralité ; que les productions, la richesse, le commerce & les ressources des trois Provinces ne lui sont point encore suffisamment connues.

Que de même elle ne connoît point les domaines de la Couronne, ceux des Princes appanagistes, & ceux du Clergé.

Qu'elle ignore enfin de quelle manière sont distribués entre les trois

---

* L'Assemblée qui avoit ouvert ses Séances le 12 Novembre, les ayant terminées le 29, avant l'expiration des trente jours, la présente Instruction, adressée par les ordres de Sa Majesté, à son Commissaire, sur la Délibération du 17 Novembre, n'a pu être transmise par M. le Commissaire du Roi à M. l'Archevêque de Tours, Président, qu'après la séparation de l'Assemblée.

Provinces les biens du Clergé ; détails fans lefquels il ne lui feroit pas poffible de répartir , dans une jufte proportion , la fomme totale de leur contribution , indiquée feulement en maffe.

Sa Majefté avoit chargé , par fes Inftruſtions, fon Commiffaire de remettre à l'Affemblée , le brevet général de 1788 , & tous les détails néceffaires fur la Taille , les impofitions acceffoires de la Taille & Capitation. Le Commiffaire de Sa Majefté avoit de même les Inftruſtions néceffaires pour donner à l'Affemblée le montant aſtuel de l'impofition des Vingtièmes , & lui indiquer les calculs qui ont conduit à l'évaluation de l'augmentation préfumée poffible.

Par les détails de ces calculs , & de toute l'opération , l'Affemblée auroit été à portée d'apprécier quelle pouvoit être la maffe des revenus territoriaux de toute la Généralité , la valeur des biens du domaine , des forêts du Roi , des appanages , des biens patrimoniaux des Princes , de ceux de l'Ordre de Malthe , & des Hôpitaux qui forment l'addition de matière impofable ; de connoître de même l'évaluation des biens du Clergé , & leur divifion entre les trois Provinces.

Enfin elle auroit reconnu que les calculs n'avoient pu être faits fans des élémens détaillés, dont les réfultats pouvoient tout auffi facilement être préfentés pour chacune des trois Provinces en particulier , que pour toute la Généralité.

Telle eft la marche qui a été fuivie par les Affemblées des autres Généralités. Elles ont eu le defir & la volonté de s'inftruire , & elles fe font éclairées ; & en fuppofant que leur premier vœu ne fe rapproche pas exaſtement des calculs préfentés par le Gouvernement , la prudence & la mefure avec lefquelles elles ont opéré , donnera néceffairement auprès de Sa Majefté plus de poids à leurs opérations.

Sa Majefté au furplus excufe l'incertitude où pouvoit être l'Affemblée Générale des trois Provinces de la Généralité de Tours , dans le premier moment d'une organifation nouvelle , fur les formes & la marche toujours méthodique & toujours mefurée qui doit être fuivie dans la difcuffion des objets d'adminiftration.

Mais Sa Majefté a dû voir avec furprife qu'elle eût inféré dans fa délibération, qu'Elle ne pouvoit accepter l'abonnement extenfif des Vingtiemes , propofé au nom de Sa Majefté , & que les peuples, trompés dans leurs efpérances, ne verroient plus dans leurs nouveaux Adminiftrateurs , que lés extenfeurs , & non les juftes répartiteurs de l'impôt.

Le Commiffaire du Roi fera connoître à l'Affemblée Générale des trois Provinces de la Généralité de Tours , que c'eft à elle à réalifer les efpérances des peuples , lorfque Sa Majefté lui en a donné tous les moyens , & que cette Affemblée feroit refponfable au Roi & à toute la Généralité , de tout le bien qu'elle n'auroit point cherché à procurer aux habitans des trois Provinces ; qu'en effet, l'abonnement qu'elle permettoit à cette Affemblée de lui offrir, étoit une grâce & non point une extenfion, puifque l'effet de cet abonnement eût été de faire payer

moins à la Généralité, au lieu de la mettre dans le cas de payer d'a-
vantage.

Que d'après les loix conftitutives de l'impofition des deux Vingtiemes
& des Quatre fols pour livre du premier, cette impofition n'a de véritable terme que celui de la proportion indiquée par fa dénomination
même, & qu'ainfi l'impôt ne deviendroit extenfif qu'autant qu'il excéderoit cette proportion.

Qu'une partie des contribuables paye actuellement dans la proportion fixée par la loi, fans payer davantage, mais que les autres font
beaucoup au-deffous de la véritable contribution qu'ils devoient payer,
& que le vœu de Sa Majefté eft de faire ceffer cette inégalité de contribution & cette injuftice.

Que la voie de l'abonnement, lorfque cet abonnement étoit porté
à un taux évidemment favorable à la Généralité, eut été le moyen
le plus avantageux pour elle de parvenir à cette égalité proportionnelle, fi elle eût profité de la bienveillance de Sa Majefté, mais qu'au
furplus, l'accroiffement plus confidérable qui réfultera de l'exécution
des Édits de Mai 1749 & Septembre 1787, n'ajoutera rien à la contribution de ceux qui payent dans ce moment dans la véritable proportion de leurs revenus, ainfi que Sa Majefté l'a déjà fait déclarer à
l'Affemblée, & ne fera que le réfultat, foit du rehauffement légitime
de la contribution de ceux des propriétaires qui payoient trop modé-
rément, foit du contingent fourni par ceux qui jufqu'à préfent avoient
échappé à l'impofition, ou en avoient été difpenfés.

L'Affemblée Générale a repréféfenté les pertes que la Généralité de
Tours avoit éprouvées les années précédentes, mais elle a reçu des
fecours abondans en moins impofé & en travaux de charité.

Elle a préfenté auffi des détails exagérés fur la diminution de fes reffources & de fes productions; mais Sa Majefté a fous les yeux toutes
les bafes néceffaires pour apprécier fa véritable fituation.

Le Sieur Intendant fera connoître au furplus à l'Affemblée Générale
de Tours que Sa Majefté faura toujours concilier avec l'attention
qu'elle doit aux befoins de l'État, les mouvemens de fa bonté & de
fa bienfaifance.

D'après les ordres du Roi. Signé LAMBERT.

Pour Copie. *D'AINE.*

EXTRAIT DU RÉGLEMENT

POUR LA PROVINCE DU BERRY,

Du 6 Juin 1785.

Cité page 138 des Inſtructions.

SECTION TROISIEME.

ARTICLE PREMIER.

Les demandes en décharge d'impoſition pour cauſe d'incendie, grêle, gelée, inondation, dommages cauſés par le feu du ciel, & autres intempéries, perte de beſtiaux, nombreuſe famille, infirmités, &c. ne feront faites qu'à la Commiſſion intermédiaire. *Demandes en décharge d'impoſition pour cauſes accidentelles.*

2. LES demandes pour cauſe de diviſion ou mutation de cote de Vingtiemes & pour doubles emplois, feront faites à la Commiſſion intermédiaire. *Pour diviſion de cote, mutation & doubles emplois.*

3. LORSQU'IL ſe rencontrera, dans quelques rôles, des cotes inexigibles, les Collecteurs s'adreſſeront également à la Commiſſion intermédiaire pour obtenir que ces non-valeurs leur ſoient allouées. *Pour non-valeurs.*

4. LA Commiſſion intermédiaire, en ſtatuant ſur ces différentes demandes & autres dont les motifs ſeroient du même genre, aura égard à la nature, aux regles & aux principes de chacune des impoſitions ſur leſquelles les contribuables pourront ſe pourvoir. *Principes propres à chaque nature d'Impoſition, obſervés.*

5. LORSQUE la Commiſſion intermédiaire ne croira pas devoir accueillir la demande en décharge, modération ou non-valeur, formée pour les cauſes accidentelles ou momentanées ci-deſſus indiquées, ſur les fonds de la Capitation ou des Vingtiemes, elle répondra le Memoire à elle préſenté, d'un délibéré, portant *qn'il n'y a lieu à la décharge, modération ou non-valeur demandée, ſauf au Suppliant à ſe pourvoir au Conſeil par voie d'adminiſtration.* *Dans quelle forme les ſuſdites demandes rejettées.*

6. DANS le cas, au contraire, où la Commiſſion aura égard aux repréſentations qui lui auront été faites, elle expédiera ſur chaque demande l'ordonnance de décharge ou modération néceſſaire, & elle l'adreſſera au Receveur particulier des finances. *Dans quelle forme les ſuſdites demandes accueillies.*

7. LA Commiſſion intermédiaire informera le Contribuable de la dé- *Formes à obſer-*

charge ou modération qu'elle lui aura accordée, & le préviendra en même-temps de la nécessité de profiter de cette ordonnance, en la quittançant & en se mettant en regle pour le paiement du surplus qui lui resteroit encore à acquitter sur son imposition, dans le délai de deux mois au plus tard, sinon & ce délai passé, que l'ordonnance sera de nul effet. La même disposition sera insérée dans le texte même de l'ordonnance.

8. Toutes les ordonnances de décharge & modérations, seront quittancées par les Contribuables au profit desquels elles auront été expédiées ; & à l'égard de ceux qui ne sauroient pas écrire, ils seront obligés de faire certifier au bas de l'ordonnance par le Curé, le Vicaire ou deux principaux habitans, qu'il leur a été tenu compte du montant de la décharge ou modération à eux accordée.

9. Lorsqu'un Contribuable, taxé d'office à la Taille, voudra se pourvoir contre ladite taxe d'office, il sera tenu de s'adresser d'abord à la Commission intermédiaire, & de lui présenter à cet effet sa requête dans les deux mois, à compter du jour de la vérification du rôle.

10. Pour se mettre en état de statuer sur ladite requête, par voie de conciliation, la Commission intermédiaire se fera représenter les renseignemens d'après lesquels elle avoit déterminé la taxe d'office, se procurera de nouveaux éclaircissemens par ses Délégués ou correspondans, entendra les Syndics, Habitans & Collecteurs de la paroisse, auxquels elle fera communiquer la demande, & fera généralement tout ce qui dépendra d'elle pour asseoir son opinion en connoissance de cause.

11. Lorsque la Commission intermédiaire croira devoir accueillir la demande du Contribuable, & modérer la taxe d'office, elle répondra la requête d'un délibéré qui fixera la réduction de la cote, tant pour le principal de la taille, que pour les accessoires & la capitation.

12. Dans le cas au contraire où la Commission intermédiaire n'auroit point égard à la demande du Contribuable, alors, en répondant la requête d'un délibéré, elle confirmera la taxe d'office, sauf au contribuable à se pourvoir dans la forme contentieuse par-devant le sieur Intendant.

13. La même forme sera observée, lorsque ce seront les habitans qui se pourvoiront, en leur nom contre les taxes d'offices ; ils seront également tenus de s'adresser d'abord à la Commission intermédiaire, qui fera communiquer la demande au particulier taxé d'office.

14. Lorsque la Commission intermédiaire aura statué, dans la forme ordonnée par les articles précédens, sur les oppositions aux taxes d'office, il sera libre aux parties, ou de s'en tenir à ce que la Commission intermédiaire aura décidé, ou de suivre, si elles le préferent, la voie contentieuse par-devant le sieur Intendant & Commissaire départi, suivant l'article 15 du Réglement du 23 Août 1783.

15. Si les parties se déterminent à suivre la voie contentieuse, elles seront tenues de se pourvoir par-devant le sieur Intendant & Commis-

faire départi , dans le mois , à compter du jour de la notification qui leur aura été faite du délibéré de la Commiffion intermédiaire , paffé lequel tems elles n'y feront plus admifes.

16. DANS le cas où la Commiffion intermédiaire auroit différé de ftatuer par voie de conciliation fur des requêtes à elle adreflées pour taxe d'office , dans le délai de deux mois , à compter de la date de la communication qui aura été donnée aux habitans , de la requête du taxé d'office , ou au taxé d'office , de la requête des habitans , les parties pourront fe pourvoir par-devant le fieur Intendant & Commiffaire départi , par la voie contentieufe , ou fe rendre appellantes à la Cour des Aides , de la taxe d'office faite par la Commiffion intermédiaire.

17. LES parties qui voudront fe pourvoir par-devant le fieur Intendant & Commiffaire départi , contre des taxes d'office faites par la Commiffion intermédiaire , & enfuite confirmées par elle , ou à l'égard defquelles elle n'auroit point ftatué dans le délai de deux mois , preferit par l'article précédent , formeront leur oppofition par une fimple requête adreffée audit fieur Intendant & Commiffaire départi.

18. LE fieur Intendant donnera communication de la requête à la Commiffion intermédiaire par la voie du Procureur-général-Syndic , entendra les motifs de ladite Commiffion intermédiaire , fe fera remettre les réponfes faites par les habitans contre le taxé d'office plaignant , ou par le taxé d'office contre la Communauté plaignante , & ces motifs & réponfes feront laiffés audit fieur Intendant & Commiffaire départi , pour être par lui envoyés en original , en cas d'appel , à la Cour des Aides.

19. LES Contribuables compris dans les rôles de la Capitation arrêtés au Confeil , pour les Nobles , Privilégiés , Officiers de Juftice & Employés des Fermes , qui croiront avoir à fe plaindre de la furtaxe de leurs cotes , s'adrefferont à la Commiffion Intermédiaire.

20. SI la Commiffion intermédiaire ne trouve pas leurs repréfentations fondées , elle répondra leur requête d'un délibéré , portant *qu'il n'y a lieu à la modération demandée pour caufe de furtaxe , fauf à fe pourvoir au Confeil.*

21. LES Contribuables ainfi déboutés , qui voudront en effet fe pourvoir au Confeil , ne pourront le faire que par un fimple Mémoire ou Placet adreffé au fieur Contrôleur général des finances , ou à l'Intendant au département des Impofitions , ou enfin au Commiffaire départi , lequel , dans ce dernier cas , fera parvenir le Mémoire du Contribuable au Confeil , avec fon avis & les obfervations de la Commiffion intermédiaire qu'il fe fera procurées par le Procureur-général-fyndic. Il fera enfuite ftatué fur le tout par le Confeil , ainfi qu'il appartiendra.

22. LES rôles de Capitation des villes franches de Bourges & d'Iffoudun , continueront d'être faits fur les mandemens & fous l'infpection de la Commiffion intermédiaire ; mais ils ne feront mis en recouvrement , à compter de l'exercice 1785 , qu'après avoir été vérifiés par ladite Commiffion intermédiaire , & rendus exécutoires par le fieur In-

tendant & Commissaire départi lequel les fera ensuite repasser, par la voie du Procureur-général-syndic, à la Commission intermédiaire, qui les fera remettre aux Receveurs particuliers de chaque Élection.

23. Les Contribuables compris auxdits rôles, qui se croiront dans le cas de former une simple demande en surtaxe, seront tenus de s'adresser à la Commission intermédiaire, laquelle, après avoir entendu les Officiers municipaux, Asséurs & Répartiteurs, & s'être procuré les renseignemens nécessaires, pourra accorder la réduction qu'elle trouvera juste. Si la demande ne lui paroît pas fondée, elle répondra alors la requête d'un délibéré, portant qu'*il n'y a lieu à la réduction*, *sauf à se pourvoir au Conseil ;* & en ce cas, les Contribuables déboutés pourront suivre l'une des formes indiquées par l'article 21.

24. Quant à toutes les autres réclamations relatives à la cote même de la Capitation, qui inculperoient la bonne foi des Asséurs & Répartiteurs, ou qui seroient fondées sur quelque contravention au mandement, ou enfin qui pourroient donner lieu au contentieux, les contribuables se pourvoiront devant le sieur Intendant & Commissaire départi, qui prononcera contradictoirement, ainsi qu'il appartiendra, sauf l'appel au Conseil : Enjoint Sa Majesté à la Commission intermédiaire de renvoyer devant ledit sieur Commissaire départi, les plaignans qui, dans les cas exprimés par le présent article & autres du même genre, se seroient pourvus devant elle.

25. Lorsqu'un Propriétaire se croira dans le cas de réclamer contre la fixation du taux de ses Vingtièmes, il sera tenu de s'adresser d'abord à la Commission intermédiaire, qui après avoir pris l'avis des Commissaires répartiteurs, & s'être procuré tous les autres renseignemens nécessaires, pourra ordonner la réduction qui lui paroîtra juste.

16. Dans le cas où la Commission intermédiaire ne croira pas devoir accueillir les représentations qui lui seront faites, elle répondra la requête d'un délibéré, portant qu'il n'y a lieu à la réduction, sauf au suppliant à se pourvoir dans la forme contentieuse, suivant l'article 15 du Réglement du 23 Août 1783.

27. Si le propriétaire se pourvoit en effet dans la forme contentieuse par-devant le sieur Intendant & Commissaire départi, ledit sieur Intendant communiquera sa requête à la Commission intermédiaire, par la voie du Procureur-général-syndic, & alors la Commission intermédiaire lui fera remettre les motifs qui auront déterminé l'imposition, l'avis des Commissaires répartiteurs, & enfin les observations d'après lesquelles elle aura persisté, par son délibéré, à maintenir la fixation de l'imposition.

28. Si le Jugement qui interviendra de la part du sieur Intendant & Commissaire départi doit donner lieu à une décharge ou réduction quelconque, le Jugement sera rapporté par le propriétaire à la Commission intermédiaire, qui en fera en conséquence expédier l'ordonnance de décharge ou réduction nécessaire.

FIN.

TABLE
DES MATIERES
DU PROCÈS-VERBAL.

Cinquieme Séance, du 16.

Sixieme Séance, du 17.

Septieme Séance, du 19.

Huitieme Séance, du 21.

Neuvieme Séance, du 23.

Dixieme Séance, du même jour.

Onzieme Séance, du 24.

Douzieme Séance, du 26.

Treizieme Séance, du 27.

Quatorzieme Séance, du même jour.

FIN DE LA TABLE